NE능률 영어교과서

대한민국 고등학생 **10**명 중
4.7 명이 보는 교과서

영어 고등 교과서 점유율 1위
(7차, 2007 개정, 2009 개정, 2015 개정)

리딩튜터

매된
,900만 부
차곡차곡 쌓으면 19만 미터

에베레스트
21 배 높이

READING TUTOR
리딩튜터 기본

190,000m

에베레스트 8,848m

능률보카

그동안 판매된
능률VOCA 1,100만 부

대한민국 박스오피스
천만명을 넘은 영화
단 28개

VO CA

그래머존
그동안 판매된 450만 부의 그래머존을 바닥에 쭉 ~ 깔면
1000km 서울-부산 왕복가능
서울
부산

교재 검토에 도움을 주신 선생님들

강건창 광주 살레시오중학교
강수정 인천 석정중학교
구영애 파주 금촌중학교
김민정 순천 엘린 영어교습소
김민정 파주 삼광중학교
김선미 천안 천안서여자중학교
김수연 서울 잉글리시아이 고덕캠퍼스
김수영 광주 숭일중학교
김연숙 서울 휘문중학교
김영현 광주 수피아여자중학교
김유빈(Annie) 동탄 애니원잉글리쉬
김현정 천안 광풍중학교
김혜원 인천 갈산중학교
나은진 서울 화곡중학교
노수정 서울 빌드업 영어교습소
문혜옥 시흥 은행중학교
민세원 광명 소하중학교
박인화 서울 일성여자중고등학교
박창현 광주 고려중학교
박혜숙 서울 경원중학교
반지혜 서울 대원국제중학교
방선영 광명 소하중학교
배영주 부산 이사벨중학교
배정현 서울 대명중학교
변재선 부천 부천중학교
서은조 서울 방배중학교
성수정 부산 주례여자중학교
신주희 서울 광성중학교
신희수 서울 이수중학교
안인숙 울산 현대중학교
양윤정 시흥 능곡고등학교
오영숙 서울 양강중학교
오하연 부산 인지중학교
오형기 서울 배문중학교
윤선경 서울 영국이엠학원
이수경 춘천 강원중학교
이임주 인천 만수북중학교
이정순 서울 일성여자중고등학교
이정재 파주 광탄중학교
이정희 천안 봉서중학교
이진영 울산 신정중학교
이효정 서울 신사중학교
장영진 광주 서강중학교
정찬희 광명 소하중학교
조혜진 성남 동광중학교
최문희 인천 삼산중학교
최수근(Claire) 광교 RISE 어학원
최은주 서울 등명중학교
최지예 대전 삼천중학교
최현우 창원 용원중학교
홍준기 광주 동신중학교
황나리 대전 덕명중학교

1316 READING LEVEL 3

지은이	NE능률 영어교육연구소
선임연구원	김지현
연구원	이지영, 김윤아, 박현영
영문교열	Patrick Ferraro, Curtis Thompson, Keeran Murphy, Angela Lan
디자인	닷츠
내지 일러스트	수지, 한상엽, 박응식
맥편집	김재민
Photo Credits	Shutterstock, Wikimedia Commons

43rd
SINCE 1980
Let's grow together

기초부터 내신까지 중학 독해 완성

1316

1316 READING

LEVEL 3

STRUCTURE & FEATURES

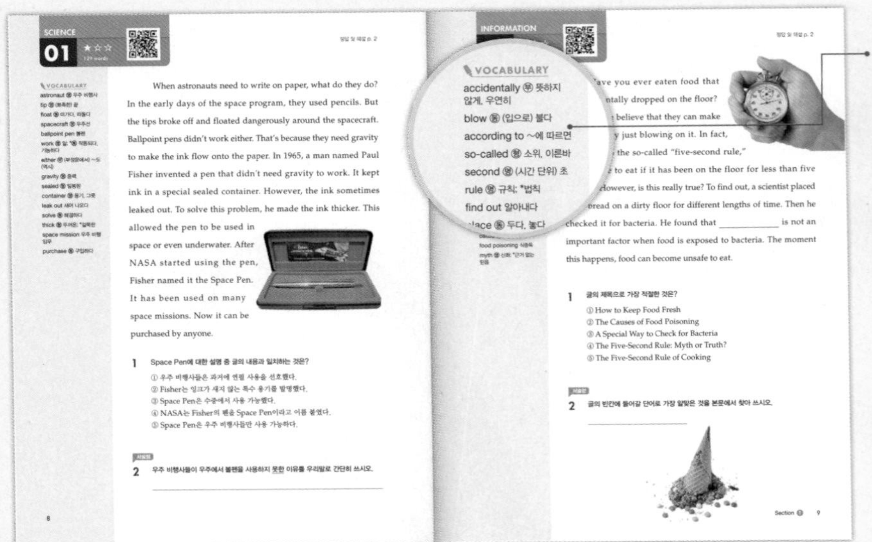

VOCABULARY

지문과 문제에 나오는 중요 단어의 의미를 확인해 볼 수 있습니다. 먼저 지문을 읽으면서 모르는 단어의 의미를 추론해 보고, 그 뜻이 맞는지 확인해 보세요.

유익하고 다채로운 지문

문화, 과학, 예술, 역사 등 약 20가지에 이르는 다양한 분야의 재미있고 유익한 정보를 담은 40개의 지문을 엄선했습니다.

ONE-PAGE READING

각 Section의 첫 번째, 두 번째 지문은 단문 독해 코너로, 짧은 글을 읽으며 비교적 간단한 문제를 풀어 보고, 부담 없이 영문 독해를 연습할 수 있습니다.

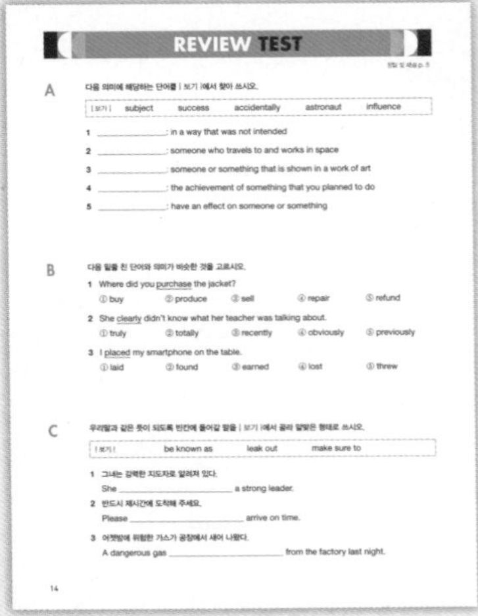

REVIEW TEST

각 Section의 마무리 코너로 Review Test가 있습니다. 앞의 지문에서 배운 어휘와 숙어를 다시 확인해 보세요. 다양한 유형의 문제들로 어휘 응용력을 높일 수 있습니다.

WORKBOOK

각 지문에 대한 주요 어휘 및 핵심 구문을 복습할 수 있도록 지문별 연습 문제를 제공합니다. 모든 문제가 지문 내용을 기반으로 출제되어 어려움 없이 복습이 가능합니다.

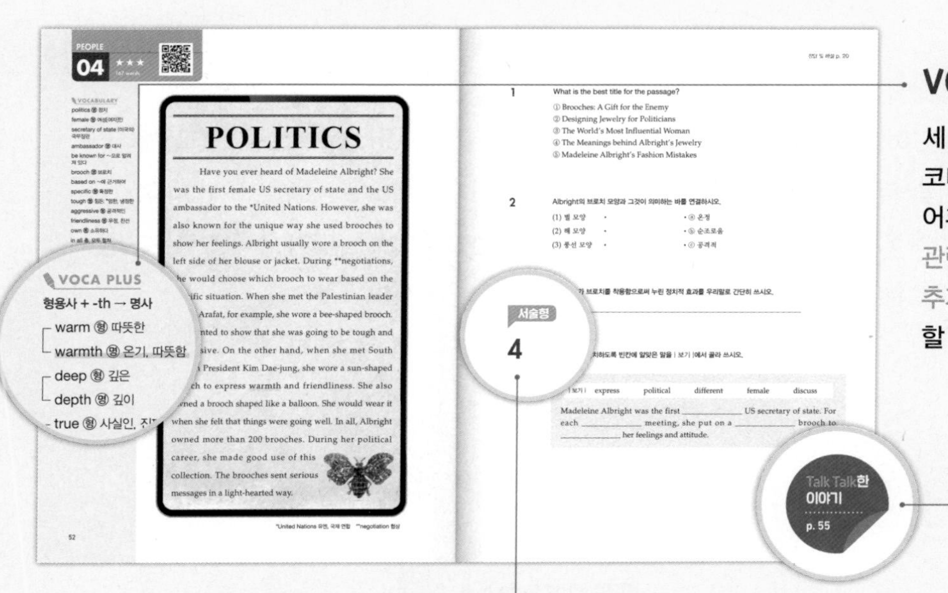

PEOPLE
04 ★★★

POLITICS

Have you ever heard of Madeleine Albright? She was the first female US secretary of state and the US ambassador to the *United Nations. However, she was also known for the unique way she used brooches to show her feelings. Albright usually wore a brooch on the left side of her blouse or jacket. During **negotiations, he would choose which brooch to wear based on the ...ific situation. When she met the Palestinian leader ... Arafat, for example, she wore a bee-shaped brooch. ...nted to show that she was going to be tough and ...sive. On the other hand, when she met South ... President Kim Dae-jung, she wore a sun-shaped ...ch to express warmth and friendliness. She also ...ned a brooch shaped like a balloon. She would wear it when she felt that things were going well. In all, Albright owned more than 200 brooches. During her political career, she made good use of this collection. The brooches sent serious messages in a light-hearted way.

*United Nations 유엔, 국제 연합 **negotiation 협상

52

VOCA PLUS
형용사 + -th → 명사
warm 형 따뜻한
warmth 명 온기, 따뜻함
deep 형 깊은
depth 명 깊이
true 형 사실인, 진...

1 What is the best title for the passage?
① Brooches: A Gift for the Enemy
② Designing Jewelry for Politicians
③ The World's Most Influential Woman
④ The Meanings behind Albright's Jewelry
⑤ Madeleine Albright's Fashion Mistakes

2 Albright의 브로치 모양과 그것이 의미하는 바를 연결하시오.

서술형 4

보기 express political different female discuss

Madeleine Albright was the first ________ US secretary of state. For each ________ meeting, she put on a ________ brooch to ________ her feelings and attitude.

Talk Talk한 이야기 p. 55

VOCA PLUS

세 번째, 네 번째 지문에만 제공되는 코너로, 지문에 나온 단어 중 주요 어휘를 골라 다의어, 접두사/접미사, 관련 어휘, 형태가 비슷한 어휘들을 추가로 수록하여 체계적인 단어 학습을 할 수 있습니다.

TWO-PAGE READING

각 Section의 세 번째, 네 번째 지문은 독해 실력을 한층 더 높일 수 있는 장문 독해 코너입니다. 이 지문들을 통해 긴 지문에 대한 두려움을 없애 보세요. 또한, 각 지문에 하나씩 있는 영어 지시문 문제를 통해 영어에 대한 자신감을 높일 수 있습니다.

다양한 서술형 문항

최근 내신 출제 경향을 반영한 다양한 서술형 문제들로 중등 내신에 완벽하게 대비할 수 있습니다.
도표 및 요약문을 완성하는 문제들을 제공하여 지문을 체계적으로 이해하는 데 도움을 줍니다.

TALK TALK한 이야기

2개의 장문 독해 중 하나는 Section 마지막 페이지의 〈Talk Talk한 이야기〉와 연결되어 있습니다. 마지막 문제 아래에 태그가 있는지 찾아보세요.
Talk Talk한 이야기에서는 지문과 관련된 배경지식 및 일반 상식들을 부담 없는 분량으로 담았습니다. 잠시 머리를 식힐 겸 가볍게 읽어 보세요. 여러분의 상식이 더 넓어질 거예요!

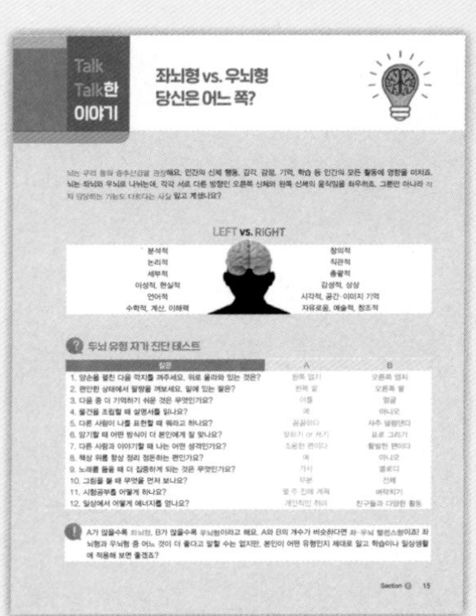

Talk Talk한 이야기
좌뇌형 vs. 우뇌형 당신은 어느 쪽?
LEFT vs. RIGHT
두뇌 유형 자가 진단 테스트

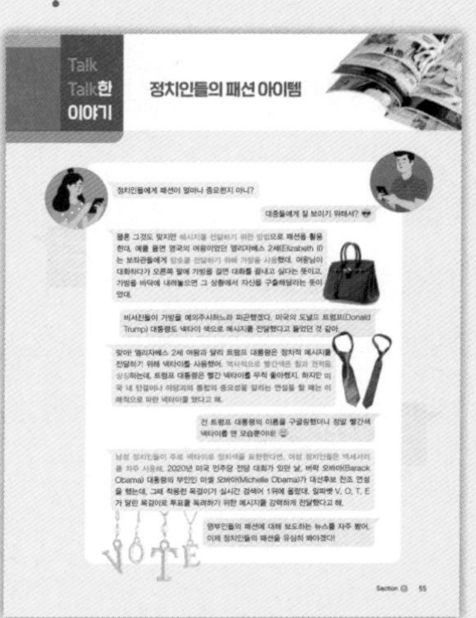

CONTENTS

www.nebooks.co.kr

Section 1

★☆☆ 129 words

정답 및 해설 p. 2

VOCABULARY

astronaut ⓜ 우주 비행사
tip ⓜ (뾰족한) 끝
float ⓢ 떠가다, 떠돌다
spacecraft ⓜ 우주선
ballpoint pen 볼펜
work ⓜ 일; *ⓢ 작동되다, 기능하다
either ⓟ (부정문에서) ~도 (역시)
gravity ⓜ 중력
sealed ⓗ 밀봉된
container ⓜ 용기, 그릇
leak out 새어 나오다
solve ⓢ 해결하다
thick ⓗ 두꺼운; *걸쭉한
space mission 우주 비행 임무
purchase ⓢ 구입하다

When astronauts need to write on paper, what do they do? In the early days of the space program, they used pencils. But the tips broke off and floated dangerously around the spacecraft. Ballpoint pens didn't work either. That's because they need gravity to make the ink flow onto the paper. In 1965, a man named Paul Fisher invented a pen that didn't need gravity to work. It kept ink in a special sealed container. However, the ink sometimes leaked out. To solve this problem, he made the ink thicker. This allowed the pen to be used in space or even underwater. After NASA started using the pen, Fisher named it the Space Pen. It has been used on many space missions. Now it can be purchased by anyone.

1 Space Pen에 대한 설명 중 글의 내용과 일치하는 것은?

① 우주 비행사들은 과거에 연필 사용을 선호했다.
② Fisher는 잉크가 새지 않는 특수 용기를 발명했다.
③ Space Pen은 수중에서 사용 가능했다.
④ NASA는 Fisher의 펜을 Space Pen이라고 이름 붙였다.
⑤ Space Pen은 우주 비행사들만 사용 가능하다.

서술형

2 우주 비행사들이 우주에서 볼펜을 사용하지 못한 이유를 우리말로 간단히 쓰시오.

INFORMATION

02

★☆☆

104 words

정답 및 해설 p. 2

VOCABULARY

accidentally ⓟ 뜻하지 않게, 우연히
blow ⓢ (입으로) 불다
according to ~에 따르면
so-called ⓗ 소위, 이른바
second ⓜ (시간 단위) 초
rule ⓜ 규칙; *법칙
find out 알아내다
place ⓢ 두다, 놓다
length ⓜ (시간 등의) 길이, 기간
bacteria ⓜ 박테리아, 세균 (bacterium의 복수형)
factor ⓜ 요인, 요소
expose ⓢ 노출시키다

문제

cause ⓜ 원인
food poisoning 식중독
myth ⓜ 신화; *근거 없는 믿음

Have you ever eaten food that you accidentally dropped on the floor? Some people believe that they can make food clean by just blowing on it. In fact, according to the so-called "five-second rule," food is safe to eat if it has been on the floor for less than five seconds. However, is this really true? To find out, a scientist placed some bread on a dirty floor for different lengths of time. Then he checked it for bacteria. He found that ______________ is not an important factor when food is exposed to bacteria. The moment this happens, food can become unsafe to eat.

1 글의 제목으로 가장 적절한 것은?

① How to Keep Food Fresh
② The Causes of Food Poisoning
③ A Special Way to Check for Bacteria
④ The Five-Second Rule: Myth or Truth?
⑤ The Five-Second Rule of Cooking

서술형

2 글의 빈칸에 들어갈 단어로 가장 알맞은 것을 본문에서 찾아 쓰시오.

____

BODY

03

★★☆

140 words

VOCABULARY

portrait 명 초상화
carefully 부 주의 깊게, 신중히
notice 동 알아채다, 인지하다
side 명 옆면, 측면
be connected with ~와 관련이 있다
influence 동 영향을 끼치다
emotion 명 감정
control 동 통제하다, 조절하다
right-handed 형 오른손잡이의
subject 명 주제; *대상
make sure to-v 확실히[반드시] ~하다

VOCA PLUS

동사 + -ance → 명사

- appear 동 나타나다
- appearance 명 외모; 출현
- perform 동 공연하다
- performance 명 공연
- assist 동 돕다
- assistance 명 도움

The next time you are at a museum, look at the portraits very carefully. You will notice that most portraits show the left side of the person's face. There are some reasons for this. First, it's connected with how the brain influences the appearance of people. The right side of the brain controls the left side of the body. And human emotions are controlled by the right side of the brain. Thus, the left side of the face shows more emotion. For this reason, people look better when their left side is shown. Another reason is that most painters are right-handed. That makes it easier for them to draw the left side of a subject. ______________, if a right-handed artist draws your picture, make sure to show the left side of your face. That way, you will look your best!

1 밑줄 친 For this reason의 내용으로 가장 알맞은 것은?

① 대부분의 화가들이 오른손잡이라는 점
② 왼쪽 얼굴의 이목구비가 더 뚜렷하다는 점
③ 왼쪽 얼굴에 감정이 더 잘 드러난다는 점
④ 화가가 인물의 왼쪽 얼굴을 선호한다는 점
⑤ 화가가 인물의 왼쪽 얼굴을 쉽게 그린다는 점

2 What is the best choice for the blank?

① However ② Therefore
③ For example ④ Nevertheless
⑤ What's more

서술형
3 인간의 우뇌가 하는 일이 무엇인지 본문에서 찾아 우리말로 간단히 쓰시오.

____

서술형
4 글의 내용과 일치하도록 빈칸에 알맞은 말을 | 보기 |에서 골라 쓰시오.

| 보기 | easier right left attractive emotional

Portraits often show our __________ side. One reason is it appears more __________, making us look more __________. Another is that painters usually paint with their __________ hand. So they find it __________ to draw someone's left side.

Talk Talk한 이야기 p. 15

ECONOMY

04

★★★ 150 words

VOCABULARY

give up 포기하다
success 명 성공
decision 명 결정
lose 동 잃다
effort 명 노력
invest 동 투자하다
project 명 프로젝트, 계획된 일
be known as ~으로 알려져 있다
clearly 부 분명히, 명백히
realize 동 깨닫다, 알아차리다
inefficiency 명 비효율성
fund 동 자금을 대다

문제

quit 동 그만두다, 멈추다
hire 동 (사람을) 고용하다
toward 전 ~ 쪽으로
benefit 명 혜택, 이득

VOCA PLUS

오류와 관련된 어휘

fallacy 명 그릇된 생각; *오류
mistake 명 실수, 잘못
fault 명 잘못, 과실
error 명 오류, 틀림

Nobody likes to give up. We are told again and again to just keep trying. However, when there is no hope of success, giving up can be a wise decision. Unfortunately, people often don't understand this. They don't want to lose all of the time, money, or effort they invested in their project. So they invest even more! This is known as the *sunk-cost fallacy. It is also sometimes called the Concorde fallacy. The Concorde was an airplane built in the 1960s by France and Britain. (①) Although the plane was fast and beautiful, it was expensive and had many problems. (②) The project was clearly a mistake. (③) So they kept making more planes and kept losing more money. (④) Finally, they realized the inefficiency of the project and decided to stop funding it. (⑤) It would have been better if they had known ______________________.

*sunk-cost fallacy 매몰 비용의 오류

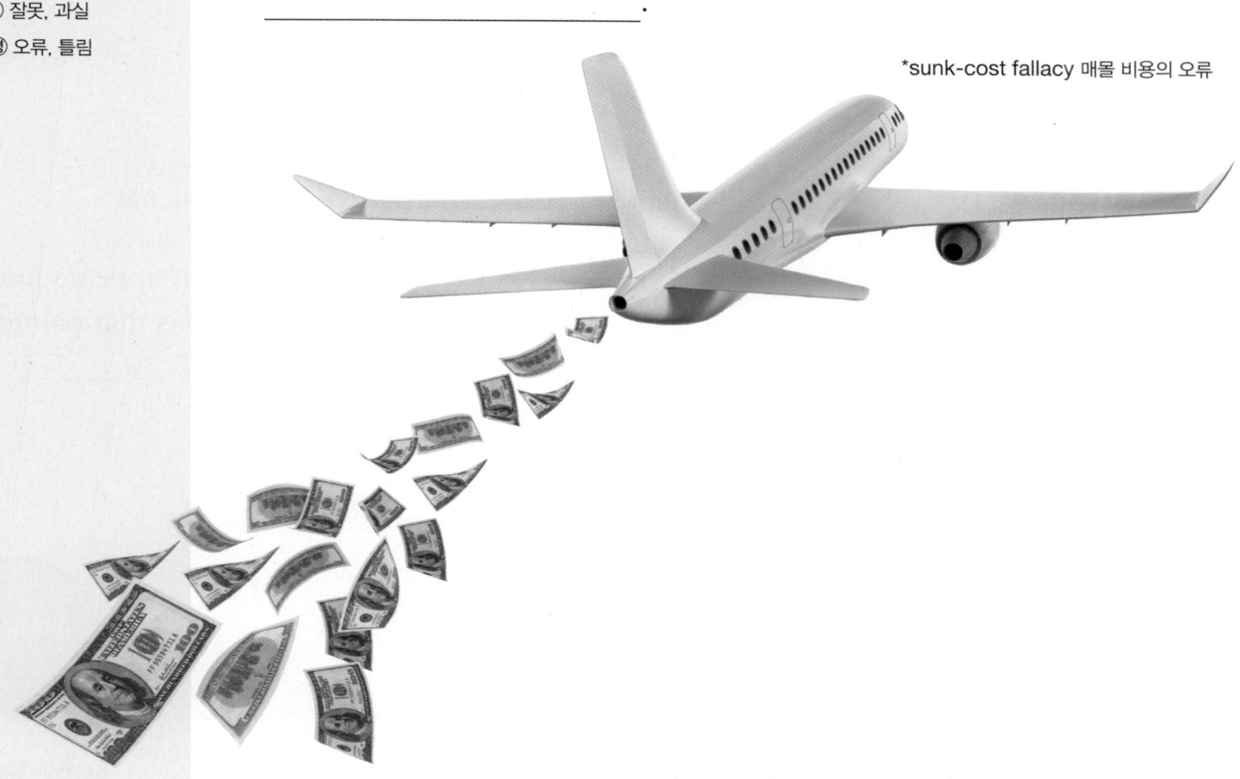

정답 및 해설 p. 4

1 글의 흐름으로 보아 주어진 문장이 들어갈 위치로 가장 적절한 곳은?

But people had invested lots of money.

① ② ③ ④ ⑤

2 Which is the best choice for the blank?

① when to quit
② who to hire
③ where to look
④ what to do first
⑤ how to build an airplane

서술형

3 다음 영영 뜻풀이에 해당하는 단어를 본문에서 찾아 쓰시오.

to put money, time, or energy toward something for future benefit

____

서술형

4 사람들이 Concorde fallacy를 범하게 되는 이유를 본문에서 찾아 우리말로 간단히 쓰시오.

____

REVIEW TEST

정답 및 해설 p. 5

A

다음 의미에 해당하는 단어를 | 보기 |에서 찾아 쓰시오.

	보기		subject	success	accidentally	astronaut	influence

1 ________________: in a way that was not intended

2 ________________: someone who travels to and works in space

3 ________________: someone or something that is shown in a work of art

4 ________________: the achievement of something that you planned to do

5 ________________: have an effect on someone or something

B

다음 밑줄 친 단어와 의미가 비슷한 것을 고르시오.

1 Where did you <u>purchase</u> the jacket?

① buy ② produce ③ sell ④ repair ⑤ refund

2 She <u>clearly</u> didn't know what her teacher was talking about.

① truly ② totally ③ recently ④ obviously ⑤ previously

3 I <u>placed</u> my smartphone on the table.

① laid ② found ③ earned ④ lost ⑤ threw

C

우리말과 같은 뜻이 되도록 빈칸에 들어갈 말을 | 보기 |에서 골라 알맞은 형태로 쓰시오.

	보기		be known as	leak out	make sure to

1 그녀는 강력한 지도자로 알려져 있다.

She ____________________________ a strong leader.

2 반드시 제시간에 도착해 주세요.

Please ____________________________ arrive on time.

3 어젯밤에 위험한 가스가 공장에서 새어 나왔다.

A dangerous gas ____________________________ from the factory last night.

Talk Talk한 이야기

좌뇌형 vs. 우뇌형 당신은 어느 쪽?

뇌는 우리 몸의 중추신경을 관장해요. 인간의 신체 행동, 감각, 감정, 기억, 학습 등 인간의 모든 활동에 영향을 미치죠. 뇌는 좌뇌와 우뇌로 나뉘는데, 각각 서로 다른 방향인 오른쪽 신체와 왼쪽 신체의 움직임을 좌우하죠. 그뿐만 아니라 각자 담당하는 기능도 다르다는 사실 알고 계셨나요?

LEFT vs. RIGHT

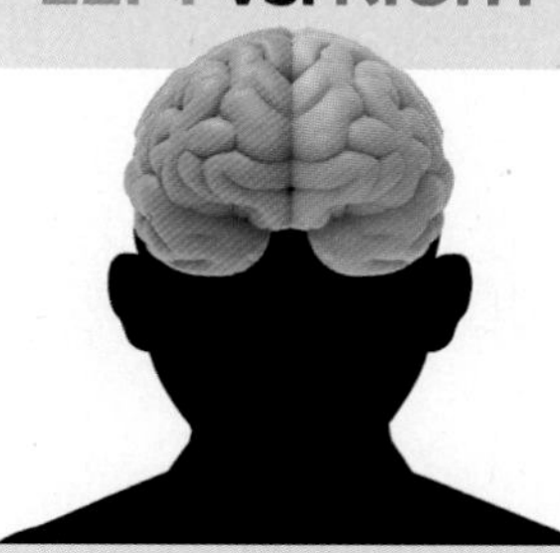

LEFT	RIGHT
분석적	창의적
논리적	직관적
세부적	총괄적
이성적, 현실적	감성적, 상상
언어적	시각적, 공간·이미지 기억
수학적, 계산, 이해력	자유로움, 예술적, 창조적

두뇌 유형 자가 진단 테스트

질문	A	B
1. 양손을 펼친 다음 깍지를 껴주세요. 위로 올라와 있는 것은?	왼쪽 엄지	오른쪽 엄지
2. 편안한 상태에서 팔짱을 껴보세요. 밑에 있는 팔은?	왼쪽 팔	오른쪽 팔
3. 다음 중 더 기억하기 쉬운 것은 무엇인가요?	이름	얼굴
4. 물건을 조립할 때 설명서를 읽나요?	예	아니오
5. 다른 사람이 나를 표현할 때 뭐라고 하나요?	꼼꼼하다	자주 덜렁댄다
6. 암기할 때 어떤 방식이 더 본인에게 잘 맞나요?	말하기 or 쓰기	표로 그리기
7. 다른 사람과 이야기할 때 나는 어떤 성격인가요?	조용한 편이다	활발한 편이다
8. 책상 위를 항상 정리 정돈하는 편인가요?	예	아니오
9. 노래를 들을 때 더 집중하게 되는 것은 무엇인가요?	가사	멜로디
10. 그림을 볼 때 무엇을 먼저 보나요?	부분	전체
11. 시험공부를 어떻게 하나요?	몇 주 전에 계획	벼락치기
12. 일상에서 어떻게 에너지를 얻나요?	개인적인 취미	친구들과 다양한 활동

A가 많을수록 **좌뇌형**, B가 많을수록 **우뇌형**이라고 해요. A와 B의 개수가 비슷하다면 **좌·우뇌 밸런스형**이죠! 좌뇌형과 우뇌형 중 어느 것이 더 좋다고 말할 수는 없지만, 본인이 어떤 유형인지 제대로 알고 학습이나 일상생활에 적용해 보면 좋겠죠?

www.nebooks.co.kr

Section

2

PLACES

01

★☆☆

97 words

정답 및 해설 p. 5

VOCABULARY

imagine 동 상상하다
strange 형 이상한
Prague 명 프라하 (체코의 수도)
architect 명 건축가
complete 동 완성하다
unusual 형 특이한, 흔치 않은
shape 명 모양, 외형
resemble 동 닮다
name A after B B의 이름을 따서 A의 이름을 짓다
side 명 (좌우 절반 중 한) 쪽, 측
represent 동 나타내다, 상징하다
rock 명 돌, 암석
landmark 명 명소, 랜드마크
feature 동 특별히 포함하다, 특징으로 삼다
Czech 형 체코의
coin 명 동전

Can you imagine a building that dances? It sounds strange, but there is a building called the Dancing House in Prague. It was designed by architects Vlado Milunić and Frank Gehry and completed in 1996. The building's unusual shape resembles a woman in a skirt and a man dancing together. In fact, the building was first named Ginger and Fred, after two famous dancers. The glass side represents Ginger Rogers, and the rock one represents Fred Astaire. Over the years, the Dancing House has become a Prague landmark. Its shape is even featured on a Czech coin!

1 The Dancing House에 대한 설명 중 글의 내용과 일치하지 않는 것은?

① 프라하에 있다.
② 두 명의 건축가가 설계하였다.
③ 1996년에 완공되었다.
④ 여자와 남자가 춤을 추는 모습이다.
⑤ 체코의 지폐에 그려져 있다.

서술형

2 The Dancing House가 Ginger and Fred로도 불렸던 이유를 우리말로 쓰시오.

____

ANIMALS

02 ★☆☆ 132 words

정답 및 해설 p. 6

VOCABULARY

zoologist 명 동물학자
receive 동 받다
bill 명 (새의) 부리
otter 명 수달
realize 동 깨닫다, 알아차리다
unique 형 독특한, 고유한
feature 명 특징
mammal 명 포유류
fur 명 (동물의) 털
feed 동 먹이를 주다
webbed 형 물갈퀴가 있는
lay 동 (알을) 낳다
reptile 명 파충류
male 명 남성; *수컷
venom 명 (동물의) 독
classify 동 분류하다
clue 명 단서
evolve 동 진화하다

George Shaw was a zoologist working at Britain's Natural History Museum. In 1799 he received a strange animal *specimen from Australia. It had a bill like a duck's, a tail like a beaver's, and feet like an otter's. At first, he thought it was a joke. But as he received more samples, he began to realize it was a real animal—the **platypus. The platypus has some unique features of mammals. It has fur and feeds its babies with milk. But it has webbed feet and lays eggs like birds or reptiles. Also, males produce a powerful venom. For these reasons, Shaw classified it as a special kind of mammal that lays eggs. Scientists continue to study the platypus today. They believe it can provide clues about how mammals evolved from reptiles.

*specimen 표본 **platypus 오리너구리

1 오리너구리에 대한 설명 중 글의 내용과 일치하지 않는 것은?

① 오리너구리는 비버와 같은 꼬리를 가지고 있다.
② George Shaw는 처음에 오리너구리의 표본을 믿지 않았다.
③ 오리너구리는 포유류처럼 새끼를 낳고 모유를 준다.
④ 수컷 오리너구리는 독을 만들어 낸다.
⑤ George Shaw는 오리너구리를 일종의 포유류로 분류했다.

서술형

2 오리너구리가 가진 조류의 특징을 본문에서 찾아 우리말로 간단히 쓰시오.

____

INFORMATION

03 ★★☆

151 words

VOCABULARY

probably 부 아마도
familiar 형 익숙한
strange 형 낯선
organization 명 조직, 기관
neither 형 (둘 중) 어느 쪽도 아닌
completely 부 완전히
accurate 형 정확한
continent 명 대륙
nearly 부 거의
inaccurate 형 부정확한
no longer 더 이상 ~ 아닌
offer 동 제공하다
view 명 시각, 관점
문제
establish 동 설립하다; *(사상 등을) 확립하다

VOCA PLUS

다의어 public

1. 형 일반인의, 대중의
   It is difficult to gain public support.
2. 형 공공의
   The public library is a great place to find books.
3. 명 일반 사람들, 대중
   The park is open to the public.

Look at these two maps. The first one probably looks familiar, but the second one might look strange. Most schools and organizations around the world use the first one. However, public schools in Boston now use the second one. Why did they make the change? Actually, neither map is completely accurate. (①) On the first map, the shape of the continents is correct. (②) What's more, Europe is in the center of the map. (③) That's because the map was created nearly 500 years ago, and Europe was very powerful at that time. (④) The second map, however, was made in the late 1800s. (⑤) Although the shape of the continents is inaccurate, their size is correct. And Europe is no longer in the center. Teachers at Boston public schools believe this map offers their students a new view of the world.

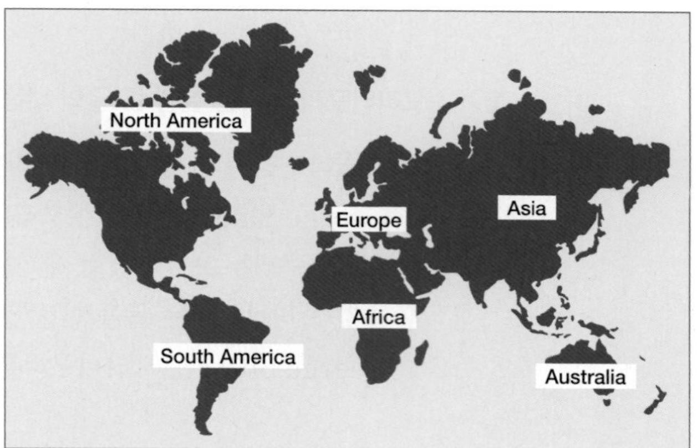

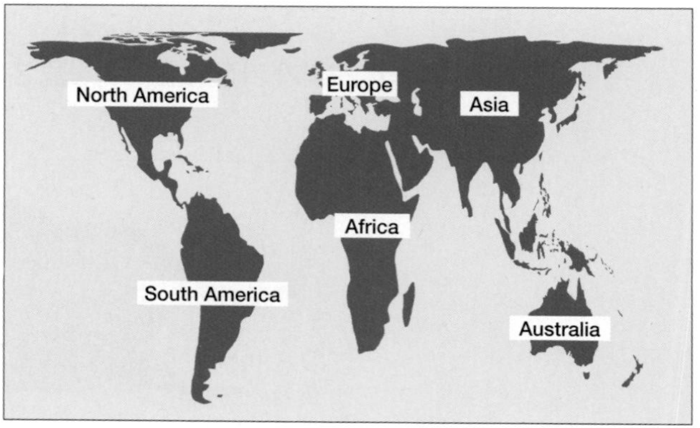

1 What is this passage mainly about?

① what decides the shape of maps
② why Europe is in the center of a map
③ why schools in Boston use a different map
④ how students establish their view of the world
⑤ how public schools choose maps for education

2 글의 흐름으로 보아 주어진 문장이 들어갈 위치로 가장 적절한 곳은?

But their size is not — Europe is larger and the other continents are smaller.

① ② ③ ④ ⑤

3 보스턴의 공립 학교들이 지도를 바꾼 이유는 무엇인가?

① 전통적인 지도를 사용하기 위해서
② 학생들에게 새로운 세계관을 제시하기 위해서
③ 대륙의 모양보다는 크기가 중요하기 때문에
④ 정확한 지도를 만드는 방법을 알려주기 위해서
⑤ 유럽이 중심에 있는 지도를 사용하기 위해서

서술형

4 다음 영영 뜻풀이에 해당하는 단어를 본문에서 찾아 쓰시오.

a way of thinking about something

____

Talk Talk한 이야기 p. 25

PEOPLE

04

★★★
175 words

VOCABULARY

several 형 몇몇의
unite 동 통합시키다
stand out 눈에 띄다, 빼어나다
scrub ~ off ~을 문질러 없애다
impress 동 깊은 인상을 주다
foreign 형 외국의
samurai 사무라이 (일본 봉건 시대의 무사)
eventually 부 결국
rival 명 경쟁자, 적수
disappear 동 사라지다
overcome 동 극복하다 (overcome-overcame-overcome)
prejudice 명 편견
remind 동 상기시키다
judge 동 판단하다
background 명 배경
문제
trace 명 자취, 흔적

VOCA PLUS

다의어 appearance
1. 명 겉모습, 외모
Celebrities care about their appearance.
2. 명 (없던 것의) 출현, 모습을 보임
I was surprised by the sudden appearance of my mother.
3. 명 등장, 출연
She became famous for her TV appearances.

In 16th century Japan, several leaders were fighting to become the most powerful. One of them was Oda Nobunaga. His goal was to unite Japan. One day, Nobunaga met a man named Yasuke. He stood out for two reasons. The first was his height—ⓐ he was thirty centimeters taller than most Japanese men at that time. The second was his dark skin. Yasuke was African, but in those days, few Japanese people had met anyone from Africa. So Nobunaga thought that ⓑ his skin was painted. He asked him to scrub the paint off ⓒ his skin. But it was really his natural color. Nobunaga was impressed by Yasuke. He made him ⓓ his personal bodyguard and gave him the title of the first foreign samurai.
(A) However, Nobunaga was eventually killed by his rivals.
(B) Yasuke fought many battles to help Nobunaga unite Japan.
(C) After Nobunaga's death, Yasuke disappeared. Nobody knows what happened to him.

Yasuke overcame prejudice in a foreign country, and ⓔ his story reminds us that people should not be judged based on their appearance or background.

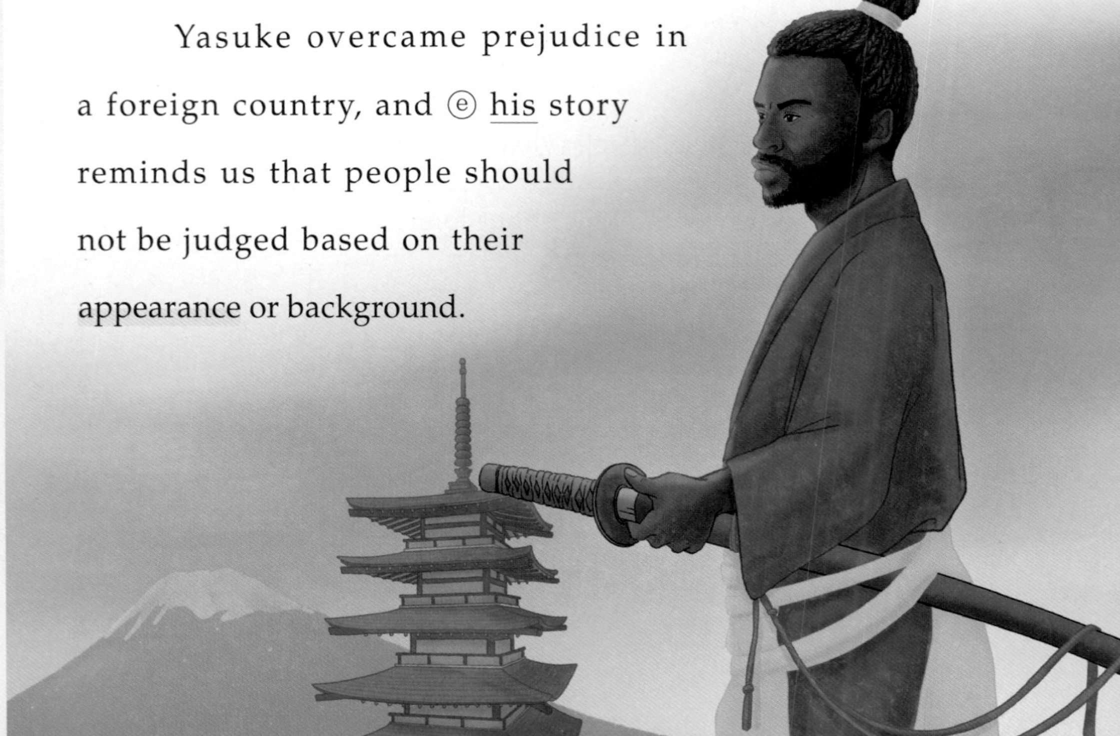

1 What is NOT true according to the passage?

① 16세기 일본은 세력가들이 힘을 겨루는 시대였다.
② Nobunaga는 첫눈에 Yasuke가 외국인임을 알아보았다.
③ Yasuke는 최초의 흑인 사무라이이다.
④ Nobunaga는 Yasuke를 신뢰했다.
⑤ Yasuke는 편견을 이겨낸 인물로 평가받는다.

2 글의 밑줄 친 ⓐ~ⓔ 중 가리키는 것이 다른 하나는?

① ⓐ ② ⓑ ③ ⓒ ④ ⓓ ⑤ ⓔ

3 문장 (A)~(C)를 글의 흐름에 알맞게 배열한 것은?

① (A) — (B) — (C)
② (A) — (C) — (B)
③ (B) — (A) — (C)
④ (C) — (A) — (B)
⑤ (C) — (B) — (A)

서술형

4 글의 내용과 일치하도록 빈칸에 알맞은 말을 본문에서 찾아 쓰시오.

Yasuke was ____________ and much taller than most ____________ people.

▼

He impressed Nobunaga and became the first foreign ____________.

▼

As Nobunaga's bodyguard, he ____________ many battles.

▼

After Nobunaga's death, he ____________ without a trace.

REVIEW TEST

정답 및 해설 p. 9

A

다음 의미에 해당하는 단어를 | 보기 |에서 찾아 쓰시오.

	보기		clue	feed	unusual	imagine	familiar

1 ________________: not common, typical, or like others

2 ________________: to create an idea or image of something in your mind

3 ________________: to give food to somebody or something

4 ________________: a piece of information used to figure out the answer to a mystery

5 ________________: commonly or frequently known, seen, or experienced

B

다음 밑줄 친 단어와 의미가 비슷한 것을 고르시오.

1 It took <u>nearly</u> thirty minutes to download this app.

① maybe ② almost ③ wisely ④ completely ⑤ already

2 His calculations are always <u>accurate</u>.

① difficult ② wrong ③ simple ④ strange ⑤ correct

3 He <u>completed</u> the work successfully.

① designed ② started ③ finished ④ delayed ⑤ resembled

C

우리말과 같은 뜻이 되도록 빈칸에 들어갈 말을 | 보기 |에서 골라 알맞은 형태로 쓰시오.

	보기		scrub off	stand out	no longer

1 그녀의 새 분홍색 차는 다른 모든 나머지들 중에서 눈에 띄었다.

Her new pink car ____________________________ from all the rest.

2 나는 얼룩을 문질러 없애기 시작했다.

I began ____________________________ the stain.

3 그 남자 배우가 결혼하게 된다는 것은 더 이상 비밀이 아니다.

It is ____________________________ a secret that the actor is going to get married.

Talk Talk한 이야기

거꾸로 된 세계 지도

이 지도 좀 봐! 처음 보지 않니?

어라? 지도가 거꾸로 뒤집혔어!

지도가 거꾸로 뒤집힌 게 아니야. 이 지도는 1979년에 호주 출신의 **스튜어트 맥아더가 제작한 지도**야.

그 시절에 벌써 이렇게 선명한 지도가 나왔다고?

물론 저 지도가 원본은 아니지만 모양은 똑같아. 저 지도를 어떻게 만들게 되었느냐 하면, 맥아더는 어린 시절 일본에서 학교생활을 했어. 그때 짓궂은 다른 교환 학생들은 맥아더가 세계의 밑바닥에 있는 나라에서 왔다고 놀렸지. 왜냐하면 당시 지도에서 **호주는 항상 아래에 위치했기 때문**이었어.

그 말을 들었을 때 정말 화가 났겠네.

맞아. 그래서 맥아더는 지도를 뒤집어서 **호주가 위쪽에 위치한 새로운 지도**를 만들기로 결심했지. 우리에게 익숙한 지도의 모습과는 전혀 다르지만, 틀린 것은 아니야. 무중력 상태인 우주 공간 속에서 지구에 위아래가 어디 있겠어?

듣고 보니 그렇네. **북반구가 항상 위쪽에 위치한다고 생각하는 건 고정관념**이었네!

낯설게 느껴지는 것일 뿐이야. 그리고 **나라별로 사용하는 지도의 모양도 조금씩 달라**. 우리나라의 경우 한반도가 중앙에 위치하고 아메리카 대륙이 오른쪽에 위치하지만, 서양에서는 주로 아메리카 대륙이 왼쪽에 있는 지도를 사용해. 이렇게!

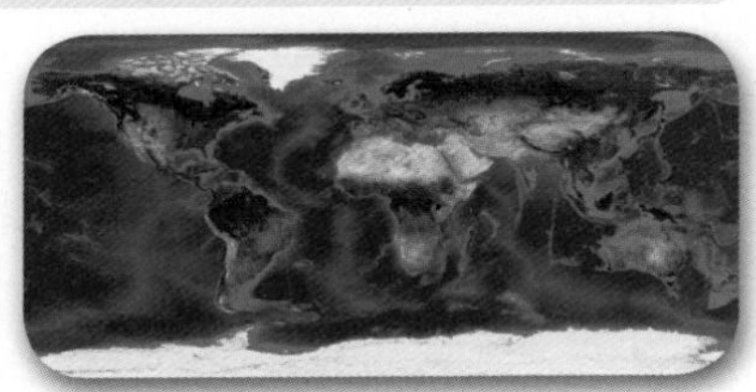

www.nebooks.co.kr

Section

3

SCIENCE

01

★☆☆ 120 words

정답 및 해설 p. 9

VOCABULARY

ride ⑤ 타다 *⑲ 놀이기구
amusement park 놀이공원
be likely to-v ~할 것 같다
agree ⑤ 동의하다
scary ⑱ 무서운
normally ⑮ 보통은
gravity ⑲ 중력
pull ⑤ 끌어당기다
equally ⑮ 고르게, 균등하게
secure ⑤ 고정시키다
seat belt 안전벨트
inner ⑱ 내부의, 안쪽의
individually ⑮ 개별적으로, 각각 따로
sink ⑤ 가라앉다
upside down 거꾸로, 뒤집혀
blow ⑤ (바람이) 불다; *(바람에) 날리다
thrilling ⑱ 흥분되는, 아주 신나는

What's your favorite ride in an amusement park? Many people are likely to answer, "The roller coaster!" Almost everyone agrees that roller coasters are exciting and scary. Why is this? Normally, gravity pulls your body parts down equally. But when you suddenly fall, gravity affects each part differently. This is because, even though you are secured by a seat belt, the inner parts of your body aren't. As a result, your inner body parts fall individually. This is what gives you that funny sinking feeling in your belly. Still, people love riding upside down on a rollercoaster with their hair blowing in the wind. If you are (enough, brave, to keep, open, your eyes), it can be even more thrilling!

1 글의 주제로 가장 알맞은 것은?

① 놀이공원의 안전 문제
② 롤러코스터의 작동 원리
③ 롤러코스터를 재미있게 타는 법
④ 롤러코스터를 타면 흥분을 느끼는 이유
⑤ 놀이공원에서 가장 인기 있는 놀이기구들

서술형

2 글의 ( ) 안에 주어진 단어를 바르게 배열하여 문장을 완성하시오.

____

정답 및 해설 p. 10

VOCABULARY

coast 명 해안
humid 형 습한
be named after ~을 따서 이름을 짓다
current 명 (물·공기의) 흐름, 해류
run 동 달리다; *흐르다
along 전 ~을 따라
Pacific 형 태평양의
escape 동 탈출하다; *피하다
up to ~까지
per 전 ~마다, ~당
handle 동 (상황 등을) 다루다
featherless 형 깃털 없는
bill 명 부리
area 명 지역; *부분
release 동 풀어 주다; *방출하다

Many kinds of penguins live in cold places. But Humboldt penguins live on the coasts of Peru and Chile, which are very hot and humid places! Humboldt penguins are named after the Humboldt Current. It is a cold sea current that runs along the Pacific coast of South America. The penguins swim in this current to hunt for food and to escape the hot weather. They are excellent swimmers and can swim up to thirty miles per hour! When they are not swimming, they have another way to handle the heat. Humboldt penguins have <u>pink, featherless *patches</u> around their eyes and bill. These areas help the penguins release body heat and stay cool!

*patch (특히 주변과는 다른 조그만) 부분

1 Humboldt 펭귄에 대한 설명 중 글의 내용과 일치하지 <u>않는</u> 것은?

① 덥고 습한 기후에서 산다.
② 이름은 태평양의 한 해류에서 따온 것이다.
③ 찬 해류에서 먹이를 사냥한다.
④ 하루에 30마일 이상 헤엄칠 수 있다.
⑤ 부리 주변에 깃털이 없다.

서술형

2 글의 밑줄 친 <u>pink, featherless patches</u>가 존재하는 이유를 우리말로 쓰시오.

____

PEOPLE

03

★★☆

119 words

For 14 years, Lloyd Devereux Richards stayed up late writing his first book, *Stone Maidens*. He worked as a lawyer during the day and took care of his three kids after work. Eighty publishers turned the book down before it was finally published in 2012. (a) Unfortunately, his book didn't get much attention at first. (b) But 10 years later, everything changed overnight. (c) His daughter posted a video promoting the book on TikTok. (d) TikTok is one of the world's most popular social media apps. (e) The video showed how he performed his roles of father, lawyer, and writer at the same time. It quickly *went viral and received more than 50 million views! His book became a bestseller on **Amazon. Thanks to the power of social media, his hard work was finally rewarded.

*go viral 입소문이 나다　**Amazon 아마존(미국의 인터넷 종합 쇼핑몰)

VOCABULARY

stay up late 늦게까지 깨어 있다
lawyer ⓜ 변호사
take care of ~을 돌보다
publisher ⓜ 출판사
turn down ~을 거절하다
publish ⓢ 출판하다
unfortunately ⓟ 불행하게도, 유감스럽게도
attention ⓜ 주의, 주목
overnight ⓟ 하룻밤 사이에
post ⓢ 게시하다
popular ⓗ 인기 있는
perform ⓢ 공연하다; *수행하다
role ⓜ 역할
at the same time 동시에
thanks to ~ 덕분에
reward ⓢ 보상하다

VOCA PLUS

다의어 promote

1. ⓢ (성장·발달을) 촉진하다
   Tourism promotes economic growth.
2. ⓢ 홍보하다
   The band is promoting their new album.
3. ⓢ 승진시키다
   He was promoted to manager.

1 글의 제목으로 가장 적절한 것은?

① Lloyd Devereux Richards: TikTok Superstar
② How to Become Famous on Social Media
③ A Father's Two Faces: Lawyer and Writer
④ A Daughter Gives Her Dad's Book New Life
⑤ The Amazon Bestsellers Everyone Should Read

2 What is NOT true about Richards according to the passage?

① 그는 변호사로 일했다.
② 80개의 출판사가 그의 책을 출판하길 거부했다.
③ 그의 책은 출판 이후 많은 주목을 받았다.
④ 5천만이 넘는 사람들이 딸의 TikTok 동영상을 시청했다.
⑤ 그의 책은 아마존에서 베스트셀러가 되었다.

3 문장 (a)~(e) 중 글의 흐름과 관계가 없는 것은?

① (a) ② (b) ③ (c) ④ (d) ⑤ (e)

서술형

4 Richards의 딸이 업로드한 영상에는 무슨 내용이 담겨 있었는지 우리말로 간단히 쓰시오.

____

VOCABULARY

offer (동) 제안하다 (명) 제안
accept (동) 받아들이다, 수락하다
refuse (동) 거절하다, 거부하다
invitation (명) 초대
phrase (명) 구(句) (두 개 이상의 낱말로 된 문장 성분)
cancel (동) 취소하다
delay (동) 미루다, 지연시키다
holder (명) 소유자, 소지자
waste (동) 낭비하다

문제

expression (명) 표현
negative (형) 부정적인
reject (동) 거부하다
immediately (부) 즉시
opinion (명) 의견
suggestion (명) 제안
spectator (명) 관중
term (명) 용어, 말

VOCA PLUS

날씨와 관련된 관용어구

1. be on cloud nine
날아갈 것 같은 기분이다
2. under the weather
몸 상태가 저조한
3. the calm before the storm
폭풍전야
4. steal somebody's thunder
선수를 치다
5. have one's head in the clouds
생각(공상)에 잠기다

Imagine that your friend asks you to have dinner. However, you already have plans for the evening. How can you offer to have dinner on a different day? Some people would say, "I'll take a rain check." This means that although you can't accept the offer now, you will in the future. But why is *rain check* used to refuse someone's invitation? The phrase comes from American baseball. People often buy tickets to watch the game. Most baseball games are played outside, so they can be canceled or delayed because of heavy rain. In the past when this happened, teams gave ticket holders a rain check. It was a free ticket to a future game, and *rain check* was printed on it. Thanks to these tickets, the ticket holders didn't feel like they wasted their time and money. So in daily life, the phrase *rain check* is used like a ticket to a future event. When someone says, "I'll take a rain check," they aren't checking the rain. Instead, they're

____.

1 글의 제목으로 가장 적절한 것은?

① The History of Baseball Games
② Ways to Avoid Rain at Baseball Games
③ How to Refuse Your Friend's Invitation
④ Where the Expression "Take a Rain Check" Came from
⑤ The Negative Impact of Rain on Baseball Games

2 What is the best choice for the blank?

① rejecting an offer immediately
② expressing their opinion strongly
③ giving others another chance to watch a game
④ accepting a suggestion that they'll forget about later
⑤ refusing an invitation and promising to accept it later

서술형

3 다음 영영 뜻풀이에 해당하는 단어를 본문에서 찾아 쓰시오.

to say or show that you will not accept or do something

____

서술형

4 글의 내용과 일치하도록 빈칸에 알맞은 말을 | 보기 |에서 골라 쓰시오.

| 보기 | future free canceled agree baseball

The phrase *rain check* comes from ____________. It refers to a ____________ ticket given to spectators when a game is ____________ because of rain. People use the term when they can't ____________ to an offer now but will do so in the ____________.

REVIEW TEST

정답 및 해설 p. 13

A

다음 의미에 해당하는 단어를 | 보기 |에서 찾아 쓰시오.

| 보기 | scary publish delay unfortunately escape

1 ________________: to do something later than planned

2 ________________: making someone feel frightened

3 ________________: to make a book, magazine, etc. and sell it to the public

4 ________________: used to say that something is sad or disappointing

5 ________________: to leave a place or situation that is uncomfortable or unpleasant

B

다음 밑줄 친 단어와 의미가 반대되는 것을 고르시오.

1 Korea is humid in the summer.

① freezing ② dry ③ stormy ④ foggy ⑤ warm

2 I won't accept the job offer.

① secure ② reject ③ receive ④ regret ⑤ maintain

3 He pulled the table towards himself.

① set ② held ③ pushed ④ stopped ⑤ prepared

C

우리말과 같은 뜻이 되도록 빈칸에 들어갈 말을 | 보기 |에서 골라 알맞은 형태로 쓰시오.

| 보기 | turn down be likely to take care of

1 그녀는 나의 저녁 식사 초대를 거절했다.

She ____________________________ my invitation to dinner.

2 아빠는 내 여동생을 밤낮으로 돌보셨다.

Dad ____________________________ my sister day and night.

3 한국에서 어린이 수가 급격하게 줄어드는 것 같다.

The number of children in Korea ____________________________ drop quickly.

Talk Talk한 이야기

알아 두면 더 재미있는 야구 용어들

야구 경기를 아직도 보고 있어? 도대체 야구는 몇 시간을 하는 거야?

첫 경기는 아까 끝났어! 오늘 경기는 더블헤더(Double header)라 그래.

더블헤더가 뭐야?

두 팀이 같은 날 연속해서 두 경기를 치르는 것을 말해. 비가 오거나 어쩔 수 없이 취소된 경기를 정규 시즌 안에 마쳐야 해서 더블헤더를 하기도 해. 이럴 경우, 첫 번째 경기는 연장전 없이 끝낸 후 20분 정도 휴식하고 두 번째 경기를 시작하지.

그런 날은 선수들이 너무 힘들겠다. 지난번 경기는 엄청 일찍 끝나지 않았어?

아! 그날은 콜드게임이라 빨리 끝났어.

cold game? 경기장이 썰렁한가?

cold가 아니고 called야. 심판이 종료를 선언한다고 해서 called game이라고 불러. 양 팀 모두 5회 이상 공격을 한 뒤 불가피한 이유로 경기를 진행할 수 없을 때 심판이 경기를 중단시킬 수 있어. 그러면 그때까지의 득점에 따라 승패가 결정 나.

몰랐던 용어가 많네! 또 다른 것도 있어?

혹시 몰수게임이라고 들어봤어? 영어로는 forfeited game이라고 말해. 심판의 지시에 불복하거나 선수들이 경기 시간에 지각하는 경우 혹은 선수들 간에 싸움이 붙어서 정상적인 경기가 되지 않을 때 몰수게임 패배가 주어져. 과거에 뉴욕 자이언츠(New York Giants)가 경기 시작 전까지 선수들을 경기장에 입장시키지 못해서 몰수패를 당한 적이 있대. 오늘날에는 흔한 경우는 아니긴 해.

www.nebooks.co.kr

Section

4

01 네가 알던 그 동물로 보이니?

◆ TECHNOLOGY

02 악마의 독약인 줄 알았더니 …

◆ HISTORY

03 마지노선의 숨겨진 진짜 의미는?

◆ ORIGIN

04 앞으로 가려면 두 배로 더 빨리 뛰어!

◆ SCIENCE

TECHNOLOGY

01

★☆☆

120 words

정답 및 해설 p. 13

VOCABULARY

kill 동 죽이다
hunter 명 사냥꾼
display 동 전시하다
request 명 요청
illegally 부 불법으로
robotic 형 로봇식의
agree 동 동의하다
success 명 성공
remote control 원격 조종, 리모컨
illegal 형 불법의
real 형 진짜의
shoot 동 (총 등을) 쏘다
hide 동 숨다
nearby 부 가까운 곳에
arrest 동 체포하다
so far 지금까지
thanks to ~ 덕분에

문제
technology 명 (과학) 기술
criminal 명 범인, 범죄자

Brian Wolslegel has an interesting job. He *stuffs animals killed by hunters so they can be displayed. One day he got an interesting request. The police wanted to use a stuffed deer to catch people who were hunting illegally. But they wanted it to move. So they asked Wolslegel to make a robotic deer. He agreed, and it was a great success! Since then, he has made many other robotic animals. Their ears, tails, and legs can be moved by remote control. This makes illegal hunters think that they are real. If they shoot at the robotic animals, police officers hiding nearby can arrest them. So far, more than 200 illegal hunters have been caught thanks to Wolslegel's robotic animals.

*stuff (동물을) 박제로 만들다

1 글의 제목으로 가장 적절한 것은?

① New Laws That Affect Hunters
② Stuffing Animals: An Unusual Job
③ Technology Can Help People Hunt
④ Robots Are Better Hunters than People
⑤ Catching Criminals with Robotic Animals

서술형

2 밑줄 친 an interesting request가 뜻하는 것을 우리말로 간단히 쓰시오.

____

정답 및 해설 p. 14

VOCABULARY

servant 명 하인
harvest 동 수확하다
store 동 저장하다
basement 명 지하실
break down into ~으로 분해되다
alcoholic 형 알코올성의
liquid 명 액체
process 명 과정
alcohol 명 알코올, 술
evil 형 사악한
spirit 명 영혼
poison 동 독살하다 명 독
close off ~을 폐쇄하다
stand 동 서다; *참다
regain 동 되찾다, 회복하다
conclude 동 결론을 내리다
spread 동 퍼뜨리다 (spread-spread-spread)

문제
origin 명 기원, 근원
treasure 명 보물
royal 형 왕의

When did people start drinking wine? Some people say it goes back to ancient times. A *Persian king really liked grapes. So he had his servants harvest grapes and store them in a basement. However, the grapes broke down into an alcoholic liquid, and the smell came up from the basement. People didn't know about the process that turns fruit into alcohol. So they believed evil spirits in the basement were trying to poison the king. Finally, the servants closed off the basement. Around that time, the Persian queen had a **chronic headache. She couldn't stand the pain and decided to take the "poison" in the basement to kill herself. However, after eating the grapes, she didn't die. Instead, she regained her energy and felt happy. The queen concluded that what she ate was a good thing and spread the news.

*Persian 페르시아(지금의 이란)의 **chronic (병이) 만성의, 고질의

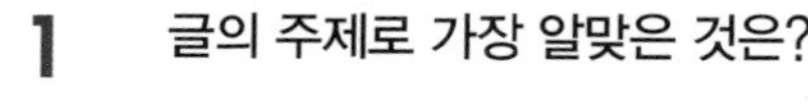

1 글의 주제로 가장 알맞은 것은?

① the origin of wine
② the process of making wine
③ the treasure of a Persian king
④ the Persian royal family's favorite fruit
⑤ the reason for keeping wine in the basement

서술형

2 하인들이 지하실을 폐쇄한 이유를 우리말로 간단히 쓰시오.

____

ORIGIN

03

★★☆ 167 words

The Maginot Line was built along the French-German border during the 1930s. Its purpose was to protect France from German attacks. It was named after a leader of the French army, André Maginot. The line was expensive to build. It included *fortresses, underground rooms, and large guns. It even had an underground train for moving soldiers around. It seemed that Germany couldn't ______(A)______ the line, as it was made of concrete and 55 million tons of steel. In the end, however, the Maginot Line was a ______(B)______. It was strengthened on the border with Germany, but not on the one with Belgium. The French government believed that the thick forest between France and Belgium would act as a natural barrier. But during **World War II, the German army invaded Belgium, marched through the forest, and then invaded France. They simply avoided the Maginot Line, so it wasn't helpful at all. Today, the phrase "Maginot Line" is used to describe something that provides a false sense of security.

*fortress 요새, 성벽 **World War II 제2차 세계 대전

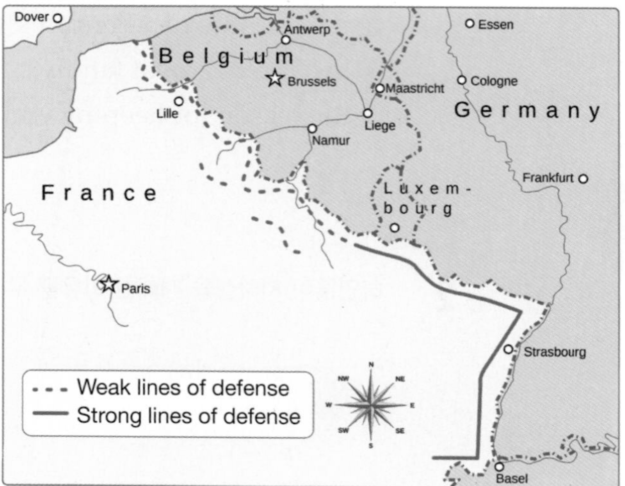

VOCABULARY

along 전 ~을 따라
border 명 국경
protect A from B A를 B로부터 보호하다
army 명 군대
gun 명 총, 대포
soldier 명 군인, 병사
concrete 명 콘크리트
steel 명 강철
in the end 결국
strengthen 동 강하게 하다, 강화하다
government 명 정부
barrier 명 장벽
invade 동 침략하다
march 동 행진하다, 행군하다
phrase 명 구(句)
describe 동 묘사하다
false 형 잘못된, 거짓된
security 명 보안; *안도(감)

문제

obstacle 명 장애(물)
fence 명 울타리

VOCA PLUS

다의어 thick

1. 형 두꺼운, 굵은
   a thick slice of meat
2. 형 울창한, 빽빽한
   thick blonde hair
3. 형 (액체가) 걸쭉한
   The soup is too thick to sip.

정답 및 해설 p. 15

1 The Maginot Line에 관하여 바르게 이해한 학생끼리 짝지어진 것은?

현영: the Maginot Line은 사람 이름에서 유래되었어. 지영: the Maginot Line은 독일을 공격하기 위해 지어졌어. 윤아: the Maginot Line은 병사들의 지하 이동 수단으로도 쓰였어. 찬우: 독일은 the Maginot Line을 뚫고 프랑스를 점령했어.

① 현영, 지영
② 현영, 윤아
③ 지영, 윤아
④ 지영, 찬우
⑤ 현영, 찬우

2 글의 빈칸 (A)와 (B)에 들어갈 말이 알맞게 짝지어진 것은?

	(A)		(B)
①	destroy	……	failure
②	destroy	……	success
③	change	……	success
④	build	……	success
⑤	build	……	failure

서술형

3 다음 영영 뜻풀이에 해당하는 단어를 본문에서 찾아 쓰시오.

an obstacle, such as a fence, that prevents people from passing

____

서술형

4 다음 질문에 대한 답을 본문에서 찾아 우리말로 쓰시오.

Why did the French government NOT improve the border along Belgium?

____

04 ★★★

168 words

"Why can't I move forward even though I'm running?" Alice asked. "To move forward, you have to run twice as fast as you are now," the Red Queen answered. In fact, the world and Alice were moving at the same speed.

Our world is similar to Alice's world of Wonderland. Thinking this, American biologist Leigh Van Valen suggested an idea called the Red Queen effect. His idea states that animal and plant species must constantly evolve to survive. This is because they compete with each other. So, when one species adapts to the environment, other ones also must adapt in response. If a species fails to do this, it will disappear. ______(A)______, dodos had no predators, so they didn't need to develop strong wings to fly. Thus, when humans discovered them, they were easy to hunt. ______(B)______, antelopes changed in order to survive against speedy cheetahs. They learned to run extremely fast and to quickly change their direction. So, they are still alive today!

VOCABULARY

forward 부 앞으로, 앞쪽으로
be similar to ~와 비슷하다
biologist 명 생물학자
idea 명 생각; *개념
effect 명 영향; *효과
state 동 말하다, 진술하다
species 명 (생물의) 종(種)
evolve 동 진화하다
survive 동 살아남다
compete 동 경쟁하다
adapt 동 적응하다
in response 대응하여
disappear 동 사라지다
dodo 명 도도새
predator 명 포식자
discover 동 발견하다
antelope 명 영양
against 전 ~에 맞서서
direction 명 방향

문제

progress 동 진보하다, 발달하다
mathematical 형 수학의
require 동 필요로 하다
opposing 형 서로 겨루는

VOCA PLUS

형용사 + -ly → 부사

- constant 형 끊임없는
- constantly 부 끊임없이
- extreme 형 극도의
- extremely 부 극도로; 매우
- quick 형 빠른
- quickly 부 빠르게
- exact 형 정확한
- exactly 부 정확하게
- sudden 형 갑작스러운
- suddenly 부 갑자기

1 What is the best title for the passage?

① The One Who Can Run Faster Survives
② One Way to Be Twice as Healthy: Running Fast
③ The Difference Between Dodo Birds and Antelopes
④ The Red Queen Effect: Keep Progressing to Survive
⑤ Mathematical Lessons from *Alice in Wonderland*

2 글의 빈칸 (A)와 (B)에 들어갈 말이 알맞게 짝지어진 것은?

	(A)		(B)
①	For example	……	On the other hand
②	In addition	……	Therefore
③	For example	……	Besides
④	Therefore	……	In other words
⑤	Instead	……	For instance

서술형

3 영양이 오늘날까지 살아 있는 이유를 본문에서 찾아 우리말로 쓰시오.

____

서술형

4 글의 내용과 일치하도록 빈칸에 알맞은 말을 | 보기 |에서 골라 쓰시오.

| 보기 | survive learn adapt compete disappear

Nature requires species to ______________ with each other. This means that opposing species must each ______________ to their environment. If they do not constantly evolve, they will eventually ______________.

Talk Talk한 이야기 p. 45

REVIEW TEST

정답 및 해설 p. 17

A

다음 의미에 해당하는 단어를 | 보기 |에서 찾아 쓰시오.

	보기		harvest	store	constantly	display	request

1 ______________: to put something somewhere to be looked at

2 ______________: to pick and collect grains, fruit, or vegetables

3 ______________: regularly, often, or always

4 ______________: an act of politely asking someone to do something

5 ______________: to keep something somewhere for future use

B

다음 밑줄 친 단어와 의미가 반대되는 것을 고르시오.

1 His plan turned out to be an enormous success.

① age ② talent ③ failure ④ fortune ⑤ behavior

2 You could be arrested for driving carelessly.

① escaped ② punished ③ allowed ④ released ⑤ charged

3 Regular exercise can strengthen your muscles.

① loosen ② weaken ③ spread ④ progress ⑤ disappear

C

우리말과 같은 뜻이 되도록 빈칸에 들어갈 말을 | 보기 |에서 골라 알맞은 형태로 쓰시오.

	보기		close off	be similar to	in response

1 그의 의견은 나머지 학생들의 의견과 비슷하다.

His opinion ______________ that of the rest of the students.

2 그 놀이공원은 공사 때문에 출입구를 폐쇄했다.

The amusement park ______________ the entrance because of construction.

3 문에 노크 소리가 났고, 나의 개가 이에 대응하여 짖었다.

There was a knock on the door, and my dog barked ______________.

Talk Talk한 이야기

멸종을 피하기 위한 동물들의 생존 방식

새끼 캥거루를 위한 특별한 능력!

캥거루(kangaroo)가 주로 살고 있는 호주의 기후는 건조하고 계절별로 온도 차이가 크다는 특징을 가지고 있어요. 새끼 캥거루가 살기에 좋은 조건은 아니지요. 그래서 엄마 캥거루는 임신 기간을 조절하는 능력을 갖추고 있답니다! 캥거루의 임신 기간은 35일이지만, 캥거루는 임신 직후 약 일주일에서 최대 12개월까지 수정된 배아의 상태를 유지할 수 있어요. 더 좋은 기후 환경에서 새끼 캥거루를 낳기 위한 캥거루의 모성애가 느껴지지 않나요?

더워지는 날씨 때문에 생긴 신체 변화?

남아프리카공화국에 살고 있는 케이프땅다람쥐(Xerus inauris)는 지구온난화로 인한 기온 상승 때문에 몸의 변화가 생겼어요. 바로 뒷발이 커지고 몸통이 작아진 것이죠! 왜 이러한 변화가 생긴 걸까요? 생태학에 따르면 기온이 높은 곳에 서식하는 동물들은 열을 원활하게 발산하기 위해 체구가 작고 팔과 다리가 길어지는 경향이 있다고 해요. 땅다람쥐의 서식 구역의 기온이 상승함에 따라 열을 빨리 방출시키기 위해 신체가 변한 것이죠.

같은 거북이라도 생김새는 달라

바다거북

바다거북의 발은 바다에서 헤엄치기 쉽도록 지느러미 형태를 띠고 있어요. 그리고 납작한 유선형의 등껍질은 물의 저항을 덜 받게 해줘요. 물속에서 빠르게 유영할 수 있는 바다거북만의 비법이랍니다!

육지 거북

육지 거북의 튼튼한 발톱과 원기둥 모양의 다리는 쉽게 땅을 파고 디딜 수 있도록 해 줘요. 또한 숨을 공간이 마땅치 않은 육지에서 아치 모양의 높은 등껍질은 천적이 나타났을 때 완벽하게 숨을 수 있도록 해준답니다!

www.nebooks.co.kr

Section

5

01 생명의 간식, Plumpy'Nut
◆ FOOD

02 이런 안경 봤어?
◆ TECHNOLOGY

03 삐! 이 뉴스는 '가짜'입니다
◆ ISSUES

04 브로치에 그렇게 깊은 뜻이?
◆ PEOPLE

FOOD

01

★☆☆ 119 words

정답 및 해설 p. 17

VOCABULARY

die from ~으로 죽다
hunger 명 굶주림, 기아
mixture 명 혼합물
powdered milk 분유
vegetable oil 식물성 기름
packet 명 팩, 통, 곽
much 명 대단한 것
emergency 명 긴급[비상] 사태
regain 동 되찾다, 회복하다
balanced 형 균형 잡힌
diet 명 식사, 식습관
crisis 명 위기
organization 명 조직, 단체
give out ~을 나누어 주다

문제

serious 형 심각한
medicine 명 약, 약물

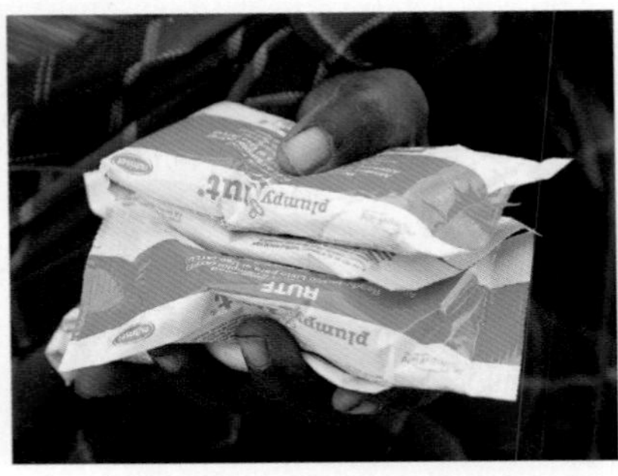

Around the world, a child dies from hunger every few seconds. What can we do to help them? Plumpy'Nut might be the answer. Plumpy'Nut is a mixture of peanut butter, powdered milk, sugar, and vegetable oil in a small packet. This small product may not sound like much; however, it can make the difference between life and death for thousands of children. (a) In emergency cases, Plumpy'Nut can help hungry children add weight quickly and regain their health. (b) A balanced diet is needed to keep the body and mind working well. (c) From 2005 to 2006, there was a food crisis in the African nation of Niger. (d) Plumpy'Nut was a big help to children who were sick and hungry. (e) Today, many organizations, including *UNICEF, are buying and giving out the product to save lives.

*UNICEF(United Nations Children's Fund) 국제 연합 아동 기금

1 글의 주제로 가장 알맞은 것은?

① serious food problems in African nations
② countries where people die from hunger
③ a product used to help hungry children
④ a new type of medicine for poor countries
⑤ the importace of food for unhealthy children

2 문장 (a)~(e) 중 글의 흐름과 관계가 없는 것은?

① (a)　② (b)　③ (c)　④ (d)　⑤ (e)

TECHNOLOGY

02 ★☆☆

125 words

정답 및 해설 p. 18

VOCABULARY

possible ⓗ 가능한
a pair of (두 부분이 하나를 이루는) 한 벌, 한 쌍
equipment ⓜ 장비, 용품
invention ⓜ 발명(품)
liquid ⓜ 액체
put on 착용하다
eye chart 시력 검사표
pump ⓢ (펌프로) 퍼 올리다; *주입하다
vision ⓜ 시력
distribute ⓢ 분배하다, 나누어 주다

문제
waterproof ⓗ 방수의
recycle ⓢ 재활용하다

It is possible to get a perfect pair of glasses without any doctors or expensive equipment. This is great news for people in poor countries where there aren't many eye doctors. It's all thanks to an invention called Adspecs, which is a pair of glasses filled with liquid. These glasses are easy to use. You simply put them on and look at an eye chart on the wall. Then you begin pumping clear oil into the lenses of the glasses. When you can see the eye chart clearly, you stop pumping. Now the glasses are ready to wear! An organization called Global Vision 2020 is distributing Adspecs to poor countries. They hope to help poor children throughout the world live better lives with perfect vision.

1 글의 제목으로 가장 적절한 것은?

① Amazing Waterproof Glasses
② Clean Your Glasses with Special Oil
③ Adspecs: Clear Vision without Doctors
④ Training Eye Doctors in Poor Countries
⑤ Recycle Your Glasses with Global Vision

서술형

2 Adspecs를 시력에 어떻게 맞추는지 우리말로 간단히 쓰시오.

____

ISSUES

03

★★☆

154 words

VOCABULARY

share ⓢ 공유하다
fake ⓗ 가짜의
confused ⓗ 혼란스러워하는
major ⓗ 주요한, 중대한
compete for ~을 두고 경쟁하다
presidency ⓜ 대통령직
spread ⓢ 퍼지다 ⓜ 확산
have an effect on ~에 영향을 미치다
election ⓜ 선거
afterward ⓑ 나중에
blame ⓢ 비난하다
take steps 조치를 취하다
fact ⓜ 사실
label ⓢ (라벨을 붙여) 분류하다
despite ⓙ ~에도 불구하고
positive ⓗ 긍정적인
action ⓜ 행동, 조치

문제

article ⓜ 글, 기사
effective ⓗ 효과적인
truthful ⓗ 정직한, 진실한
be responsible for ~에 책임이 있다

VOCA PLUS

다의어 effect

1. ⓜ 결과
cause and effect
2. ⓜ 효과; 영향
have a good effect on
3. ⓜ (법률 등의) 발효, 시행
The policy goes into effect next week.

These days many people read the news online and share it through social media sites. Unfortunately, some online news is "fake news." Fake news looks just like real news, but it isn't true. Some people write it in order to make readers confused about what is really happening. ____(A)____, this became a major problem when Donald Trump and Hillary Clinton competed for the presidency. At that time, fake news about Clinton spread widely on the internet. Considering that Clinton lost, it is possible that the news had an effect on the election. Afterward, many people blamed internet companies for not stopping the spread of fake news. Since that time, these companies have taken steps to fight fake news. ____(B)____, one of them now checks the facts in news stories and labels the ones that are not true. Despite these positive actions, we must be careful not to believe everything that we read.

정답 및 해설 p. 19

1 What is this passage mainly about?

① how to check facts in online articles
② why the internet is full of fake news
③ how to write an effective newspaper article
④ sharing election results on social media sites
⑤ the problem of news stories that are not truthful

2 글의 빈칸 (A)와 (B)에 공통으로 들어갈 말로 가장 알맞은 것은?

① Similarly
② However
③ For this reason
④ For example
⑤ What's more

서술형

3 다음 영영 뜻풀이에 해당하는 단어를 본문에서 찾아 쓰시오.

to say that someone is responsible for something bad

____

서술형

4 인터넷 회사들이 가짜 뉴스에 대처하기 위해 어떤 조치를 취했는지 우리말로 간단히 쓰시오.

____

PEOPLE

04 ★★★ 167 words

VOCABULARY

politics 명 정치
female 형 여성[여자]인
secretary of state (미국의) 국무장관
ambassador 명 대사
be known for ~으로 알려져 있다
brooch 명 브로치
based on ~에 근거하여
specific 형 특정한
tough 형 힘든; *엄한, 냉정한
aggressive 형 공격적인
friendliness 명 우정, 친선
own 동 소유하다
in all 총, 모두 합쳐
political 형 정치적인
career 명 직업; *경력
make use of ~을 이용하다
collection 명 수집품, 소장품
light-hearted 형 경쾌한

문제
enemy 명 적, 적대자
jewelry 명 보석류; *장신구
politician 명 정치인
influential 형 영향력 있는

VOCA PLUS

형용사 + -th → 명사

- warm 형 따뜻한
- warmth 명 온기, 따뜻함
- deep 형 깊은
- depth 명 깊이
- true 형 사실인, 진짜의
- truth 명 진실, 사실

POLITICS

Have you ever heard of Madeleine Albright? She was the first female US secretary of state and the US ambassador to the *United Nations. However, she was also known for the unique way she used brooches to show her feelings. Albright usually wore a brooch on the left side of her blouse or jacket. During **negotiations, she would choose which brooch to wear based on the specific situation. When she met the Palestinian leader Yasser Arafat, for example, she wore a bee-shaped brooch. She wanted to show that she was going to be tough and aggressive. On the other hand, when she met South Korean President Kim Dae-jung, she wore a sun-shaped brooch to express warmth and friendliness. She also owned a brooch shaped like a balloon. She would wear it when she felt that things were going well. In all, Albright owned more than 200 brooches. During her political career, she made good use of this collection. The brooches sent serious messages in a light-hearted way.

*United Nations 유엔, 국제 연합 **negotiation 협상

정답 및 해설 p. 20

1 What is the best title for the passage?

① Brooches: A Gift for the Enemy
② Designing Jewelry for Politicians
③ The World's Most Influential Woman
④ The Meanings behind Albright's Jewelry
⑤ Madeleine Albright's Fashion Mistakes

2 Albright의 브로치 모양과 그것이 의미하는 바를 연결하시오.

(1) 벌 모양 • • ⓐ 온정
(2) 해 모양 • • ⓑ 순조로움
(3) 풍선 모양 • • ⓒ 공격적

서술형

3 Albright가 브로치를 착용함으로써 누린 정치적 효과를 우리말로 간단히 쓰시오.

____

서술형

4 글의 내용과 일치하도록 빈칸에 알맞은 말을 | 보기 |에서 골라 쓰시오.

| 보기 | express political different female discuss

Madeleine Albright was the first ______________ US secretary of state. For each ______________ meeting, she put on a ______________ brooch to ______________ her feelings and attitude.

REVIEW TEST

정답 및 해설 p. 21

A

다음 의미에 해당하는 단어를 | 보기 |에서 찾아 쓰시오.

| 보기 | equipment   positive   emergency   distribute   aggressive

1 ________________: behaving in an active and forceful way

2 ________________: a sudden and dangerous situation

3 ________________: thinking of the good aspects of a situation

4 ________________: items needed for a specific purpose

5 ________________: to share something by giving it out to people

B

다음 밑줄 친 단어와 의미가 비슷한 것을 고르시오.

1 This game is designed for a <u>specific</u> age group.

① general ② smart ③ young ④ active ⑤ certain

2 He <u>regained</u> his health quickly.

① injured ② blamed ③ prevented ④ recovered ⑤ improved

3 I received several emails <u>afterward</u>.

① later ② forward ③ lastly ④ nowadays ⑤ immediately

C

우리말과 같은 뜻이 되도록 빈칸에 들어갈 말을 | 보기 |에서 골라 알맞은 형태로 쓰시오.

| 보기 | die from   compete for   make use of

1 그는 영어로 말할 수 있는 모든 기회를 이용했다.

He ________________________ every chance he got to speak English.

2 많은 가게들이 연휴 때마다 손님들을 두고 경쟁한다.

Many stores ________________________ customers every holiday season.

3 많은 동물들이 가뭄 중에 굶어 죽었다.

A lot of animals ________________________ hunger during the drought.

Talk Talk한 이야기

정치인들의 패션 아이템

정치인들에게 패션이 얼마나 중요한지 아니?

대중들에게 잘 보이기 위해서? 😎

물론 그것도 맞지만 메시지를 전달하기 위한 방법으로 패션을 활용한대. 예를 들면 영국의 여왕이었던 엘리자베스 2세(Elizabeth II)는 보좌관들에게 암호를 전달하기 위해 가방을 사용했대. 여왕님이 대화하다가 오른쪽 팔에 가방을 걸면 대화를 끝내고 싶다는 뜻이고, 가방을 바닥에 내려놓으면 그 상황에서 자신을 구출해달라는 뜻이었대.

비서진들이 가방을 예의주시하느라 피곤했겠다. 미국의 도널드 트럼프(Donald Trump) 대통령도 넥타이 색으로 메시지를 전달했다고 들었던 것 같아.

맞아! 엘리자베스 2세 여왕과 달리 트럼프 대통령은 정치적 메시지를 전달하기 위해 넥타이를 사용했어. 역사적으로 빨간색은 힘과 권력을 상징하는데, 트럼프 대통령은 빨간 넥타이를 무척 좋아했지. 하지만 **미국 내 단결이나 야당과의 통합의 중요성을 알리는 연설을 할 때는 이례적으로 파란 넥타이를 맸다고 해.**

전 트럼프 대통령의 이름을 구글링했더니 정말 빨간색 넥타이를 맨 모습뿐이네! 😊

남성 정치인들이 주로 넥타이로 정치색을 표현한다면, 여성 정치인들은 액세서리를 자주 사용해. 2020년 미국 민주당 전당 대회가 있던 날, 버락 오바마(Barack Obama) 대통령의 부인인 미셸 오바마(Michelle Obama)가 대선후보 찬조 연설을 했는데, 그때 착용한 목걸이가 실시간 검색어 1위에 올랐대. 알파벳 V, O, T, E가 달린 목걸이로 투표를 독려하기 위한 메시지를 강력하게 전달했다고 해.

영부인들의 패션에 대해 보도하는 뉴스를 자주 봤어. 이제 정치인들의 패션을 유심히 봐야겠다!

www.nebooks.co.kr

Section 6

정답 및 해설 p. 22

VOCABULARY

huge 형 거대한, 엄청난
recommend 동 추천하다
mention 동 (간단히) 말하다, 언급하다
songwriter 명 작곡가
appear 동 나타나다; *출연하다
grow up 자라다, 성장하다
inspiring 형 격려하는, 자극하는
be on the show 쇼에 나오다
invite A to B A를 B에 초대하다

www.singerandsongwriter.com

Hello, my name is Jane, and I'm a middle school student. I'm a huge fan of your show! My friend recommended the show to me two years ago, and I've been watching it every week ever since. I like that your show is different from other music shows. Most music shows ____(A)____ I've seen are just about the singers, and no one mentions the songwriters. But on your show, singers and songwriters appear together, and they talk about the meaning of their songs. I would like to be a songwriter when I grow up, so it's very inspiring to me. I heard ____(B)____ my favorite songwriter, Kim Jun, will be on the show next week. I really want to meet him. I know it's a lot to ask, but could you invite me to your show? I would be so happy!

1 글의 목적으로 가장 알맞은 것은?

① 음악 방송 방청을 신청하려고
② 작곡가 섭외를 요청하려고
③ 불편한 서비스에 대해 항의하려고
④ 음악 방송 프로그램을 소개하려고
⑤ 음악 방송의 개선 사항을 건의하려고

2 글의 빈칸 (A)와 (B)에 공통으로 들어갈 말로 가장 알맞은 것은?

① what ② that ③ how ④ if ⑤ which

INFORMATION

02 ★☆☆

139 words

정답 및 해설 p. 22

VOCABULARY

orchestra 명 오케스트라, 관현악단
masterpiece 명 걸작, 명작
extraordinary 형 놀라운, 색다른
instrument 명 기구; *악기
bass drum 베이스 드럼
pumpkin 명 호박
recorder 명 리코더
in addition to ~뿐만 아니라
audience 명 청중, 관중
full 형 가득 찬; *풍성한
sensory 형 감각의
focus on ~에 집중하다
take in ~을 흡수하다
participate 동 참여하다
leftover 형 나머지의, 남은
performance 명 공연, 연주
normal 형 보통의, 평범한

Many parents tell their children not to play with their food. But at Vienna Vegetable Orchestra concerts, playing with food has helped create musical masterpieces. The orchestra makes music with fresh vegetables. They use drills and knives to make vegetables into extraordinary instruments. For example, they make bass drums out of pumpkins and recorders out of carrots. New sounds come from these *edible instruments. In addition to the unique instruments, the audience can also enjoy a full sensory experience. Their eyes focus on the colorful vegetables, their noses take in the fresh smells, and their ears listen to the melodies. Even their mouths and stomachs get a chance to participate! Before the concert, (to make, use, the leftover vegetables, the musicians, soup). The audience can eat the soup after the performance. Isn't that more fun than a normal concert?

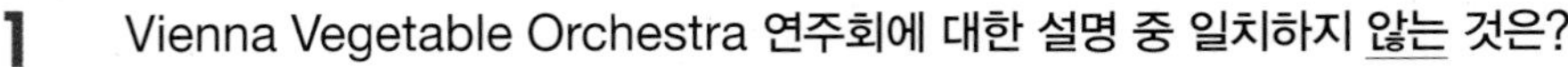

*edible 먹을 수 있는

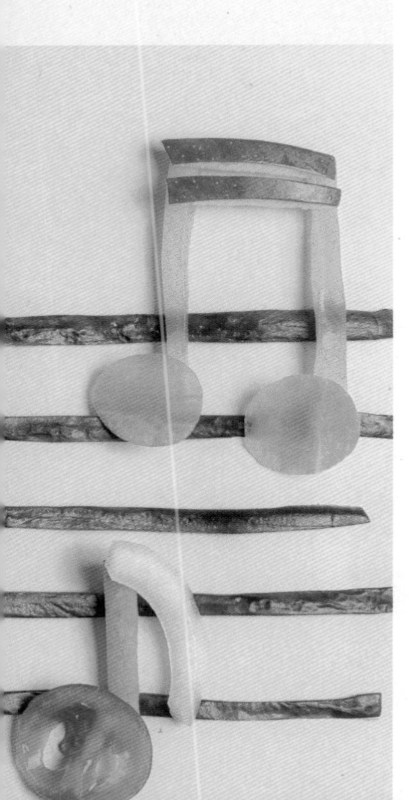

1 Vienna Vegetable Orchestra 연주회에 대한 설명 중 일치하지 않는 것은?

① 신선한 채소로 악기 소리를 낸다.
② 드릴과 칼을 이용해서 악기를 만든다.
③ 청중들에게 감각적 경험을 제공한다.
④ 악기를 만들고 남은 채소는 모두 버린다.
⑤ 연주회가 끝나면 수프를 제공한다.

서술형

2 글의 ( ) 안에 주어진 단어를 바르게 배열하여 문장을 완성하시오.

____

03

152 words

VOCABULARY

government 명 정부
public 형 공공의
tax 명 세금
aim 명 목적, 목표
decrease 동 줄다; *줄이다
international 형 국제적인
collect 동 모으다; *(세금 등을) 징수하다
passenger 명 승객
depart from ~에서 출발하다[떠나다]
air conditioning system 냉방 시스템
methane gas 메탄가스
emission 명 배출(물)
burp 명 트림
fart 명 방귀
controversy 명 논란, 논쟁
문제
contribute 동 기여하다

VOCA PLUS

다의어 pay

1. 동 (값을) 지불하다
   At this restaurant, we have to pay in cash.
2. 동 수익을 내다
   The company pays well.
3. 명 급료, 보수
   The pay for the job is good.

Governments need money in order to provide public services. Where do they get it from? Taxes! There are many different kinds of taxes. Some of them, however, are unusual. In some countries, a "fat tax" is added to unhealthy foods, such as pizza and hamburgers. The aim of it is to decrease *obesity rates and (eat, people, foods, encourage, to, to, healthier). In Venezuela, there is a "breathing tax" in Simón Bolívar International Airport. It is collected from all passengers who depart from the airport. Its purpose is to pay for the airport's air conditioning system. Finally, some countries have a "fart tax." (①) Farmers must pay the tax for methane gas emissions. (②) These emissions come from the burps and farts of farm animals. (③) So the fart tax is designed to protect the environment. (④) There is some controversy over these taxes. (⑤) What do you think about them?

*obesity 비만

정답 및 해설 p. 23

1 What is NOT true according to the passage?

① 비만세는 건강하지 않은 음식의 가격에 붙는다.
② 호흡세는 베네수엘라에 입국하는 승객들에게 부과된다.
③ 호흡세는 공항 내의 냉방 시스템을 제공하기 위해 부과된다.
④ 가축들이 트림을 할 때 메탄 가스가 배출된다.
⑤ 방귀세는 환경을 보호하기 위한 제도이다.

2 글의 흐름으로 보아 주어진 문장이 들어갈 위치로 가장 적절한 곳은?

Methane gas contributes to global warming.

① ② ③ ④ ⑤

서술형

3 글의 ( ) 안에 주어진 단어를 바르게 배열하여 문장을 완성하시오.

____

서술형

4 글의 내용과 일치하도록 빈칸에 알맞은 말을 | 보기 |에서 골라 쓰시오.

| 보기 | leaving overweight reduced foods produced

Unusual taxes around the world	
Fat tax	added to the price of certain ________
Breathing tax	collected from passengers on flights ________ Simón Bolívar International Airport
Fart tax	charged for methane gas ________ on farms

04

★★★
178 words

VOCABULARY

enter 동 들어가다
lock 동 잠그다
tidy 형 깔끔한, 잘 정돈된
expert 명 전문가
broken 형 깨진
target 명 목표(물)
theory 명 이론
owner 명 주인
break into ~에 침입하다
attract 동 끌어 들이다, 유인하다
careless 형 부주의한
former 형 이전의
mayor 명 시장(市長)
messy 형 지저분한
order 동 명령하다, 지시하다
subway car 지하철 (칸)
sharply 부 급격하게

문제
organized 형 정돈된
be likely to-v ~할 것 같다
rob 동 털다, 도둑질하다

VOCA PLUS

범죄와 관련된 어휘
thief 명 도둑
criminal 명 범인, 범죄자
crime 명 범죄
prison 명 교도소, 감옥
victim 명 피해자
arrest 동 체포하다
guilty 형 유죄의

If you don't want thieves to enter your house, what do you need to do? You should lock your door, stay home at night, and ... keep your house clean and tidy. The last one might surprise you. According to experts, however, criminals think that clean and tidy houses are more difficult to steal from. ______(A)______, if your house has a broken window, thieves will think it is an easy target. This is the broken windows theory. Clean and tidy houses make thieves think their owners take good care of them, so thieves avoid breaking into those houses. ______(B)______, if a house isn't well taken care of, it will attract more thieves because they will think the owners are careless. Former New York mayor Rudolph Giuliani used this theory to decrease crime on the subway. He felt a messy subway both attracted crime and made people think it was a dangerous place. Giuliani ordered the police to clean all the subway cars and stations. Within a few years, subway crimes dropped sharply.

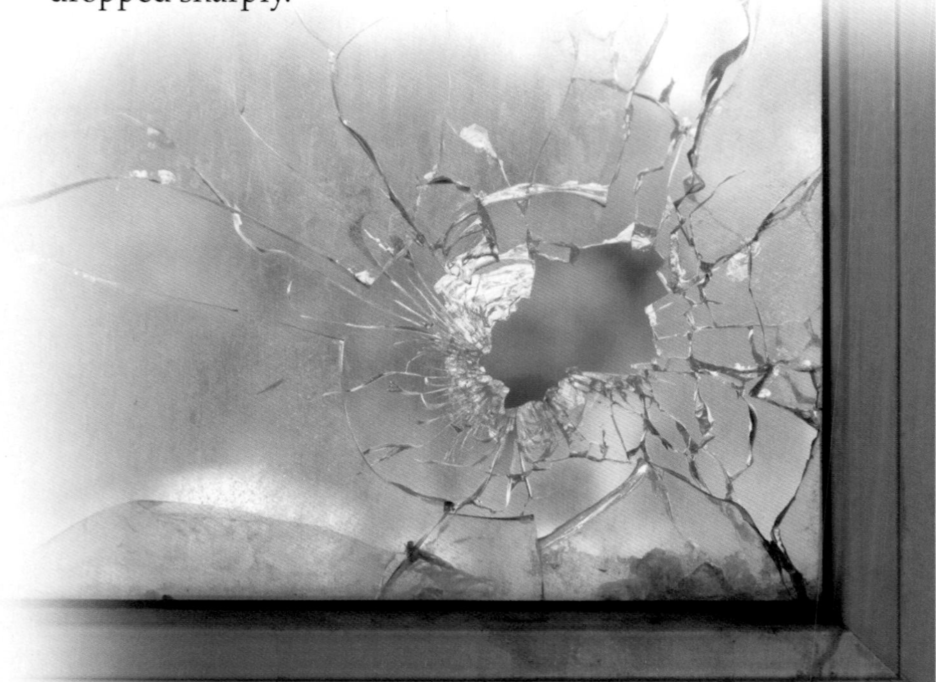

정답 및 해설 p. 24

1 What is the best choice for blanks (A) and (B)?

① In short
② In addition
③ For instance
④ As a result
⑤ On the other hand

2 글의 밑줄 친 to decrease crime에 대한 해결책으로 전 뉴욕 시장이 한 일은?

① 공공질서 교육 실시
② 지하철 역의 경찰 인력 배치
③ 범죄 처벌 규정 강화
④ 역 주변 순찰 강화
⑤ 열차와 지하철 역의 청결 유지

서술형

3 다음 영영 뜻풀이에 해당하는 단어를 본문에서 찾아 쓰시오.

not clean, organized, or tidy

____

서술형

4 글의 내용과 일치하도록 빈칸에 알맞은 말을 본문에서 찾아 쓰시오.

It is said that a house with a ____________ ____________ is likely more to be robbed because thieves think the owner of the house is a ____________ person.

REVIEW TEST

정답 및 해설 p. 25

A

다음 의미에 해당하는 단어를 | 보기 |에서 찾아 쓰시오.

| 보기 | participate mention theory emission inspiring

1 ______________: to take part in an event, activity, or discussion

2 ______________: making people want to do something

3 ______________: a substance released into the air

4 ______________: an idea used to explain facts or events

5 ______________: to write or talk about something quickly and with little detail

B

다음 밑줄 친 단어와 의미가 비슷한 것을 고르시오.

1 They departed for Scotland last night.

① left ② arrived ③ applied ④ flew ⑤ attracted

2 The number of new students decreased from 300 to 270 last year.

① expanded ② reduced ③ increased ④ disappeared ⑤ required

3 I was impressed with the hotel's tidy room and great service.

① fancy ② cozy ③ messy ④ huge ⑤ neat

C

우리말과 같은 뜻이 되도록 빈칸에 들어갈 말을 | 보기 |에서 골라 알맞은 형태로 쓰시오.

| 보기 | break into depart from in addition to

1 그 기차는 역에서 정시에 출발했다.

The train ______________________ the station on time.

2 그녀의 책뿐만 아니라, 신디는 그녀의 그림으로도 알려져 있다.

______________________ her books, Cindy is known for her paintings.

3 누군가가 그녀의 집에 침입해서 보석을 훔쳤다.

Someone ______________________ her house and stole some jewelry.

Talk Talk한 이야기

범죄자의 편을 드는 피해자?

스톡홀름 증후군(stockholm syndrome)에 대해 들어 봤어?

스톡홀름은 스웨덴의 수도잖아. 이 도시와 관련된 증후군이야?

맞아. 스톡홀름 증후군은 1973년 스톡홀름에서 일어난 한 은행 강도 사건 때문에 생긴 범죄 심리학 용어야.

무슨 사건이 있었는데?

은행 강도들이 4명의 은행 직원을 납치했고, 6일 동안 감금했어. 다행히 직원들은 무사히 풀려났고 사건은 잘 마무리되었지. 하지만 사건 이후에 법정에서 이상한 일이 벌어졌어. 인질이었던 은행 직원들이 도리어 범인을 옹호하고 나선 거야!

어떻게 본인을 인질로 삼은 범인의 편을 들 수가 있어?

어처구니가 없게도, 은행 직원들은 범인이 자신을 죽이지 않고 살려주었다는 사실에 고마움을 느꼈다고 해. 인질로 잡혀 있었던 6일 동안 오히려 범인의 입장을 이해하게 된 거야. 그래서 재판 과정에서 범인에게 불리한 진술은 거부하는 모습을 보였고, 판사와 검찰들은 매우 당황했지.

스웨덴의 범죄학자인 닐스 베예로트(Nils Bejerot) 박사는 이러한 현상을 연구했고, '스톡홀름 증후군'이란 인질이 인질범들에게 동화되어 그들에게 동조하는 비이성적인 현상이라고 정의했어.

범인에 대한 극심한 공포가 고마움으로 변하다니…
그런데 스톡홀름 증후군은 꼭 납치범한테만 느끼는 감정일까?

좋은 질문이야! 스톡홀름 증후군은 꼭 극한 상황에서만 발생하지는 않아. 우리 주변에 가정폭력이나 데이트 폭력의 피해자가 가해자를 옹호하는 것도 스톡홀름 증후군의 연장선이라고 볼 수 있어.

폭력이란 정말 사람의 마음을 병들게 하는구나.

www.nebooks.co.kr

Section

7

★☆☆ 116 words

정답 및 해설 p. 25

VOCABULARY

have trouble v-ing ~하는 데 어려움을 겪다
graduate student 대학원생
design ⑧ 설계하다
heavy sleeper 잠을 깊게 자는 사람
go off (알람 등이) 울리다
roll around ~을 굴러다니다
turn off ~을 끄다
motor ⑲ 모터, 전동기
direction ⑲ 방향, 쪽
kind of 약간, 어느 정도
have problem v-ing ~하는 데 문제가 있다
문제
soft ⑱ 부드러운; *(소리가) 은은한

Do you have trouble ______________________? Well, Gauri Nanda, a graduate student at MIT, did too. So she designed an alarm clock, Clocky, that would wake up any heavy sleeper. When the alarm goes off, the clock rolls around the floor of the room. If you want to turn it off, you have to catch it. The clock's programming makes the motors move the clock at various speeds and in different directions. So the clock can be in a different place every morning. "It's kind of like a *hide-and-seek game," Nanda said. Now Nanda has no problem waking up. If you use Clocky, it will be easy for you to wake up too!

*hide-and-seek 숨바꼭질

1 글의 빈칸에 들어갈 말로 가장 알맞은 것은?

① falling asleep
② eating breakfast
③ hearing soft sounds
④ getting up in the morning
⑤ studying until late at night

서술형

2 Clocky가 매일 아침 다른 장소에 있을 수 있는 원리를 우리말로 간단히 쓰시오.

____

정답 및 해설 p. 26

VOCABULARY

be unable to-v ~할 수 없다
unlock ⓢ 열다
troublesome ⓗ 골칫거리인
secretly ⓟ 몰래, 비밀스럽게
install ⓢ 설치하다
attachment ⓜ (이메일의) 첨부 파일
infected ⓗ 감염된
victim ⓜ 피해자
discover ⓢ 발견하다
certain ⓗ 특정한, 일정한
destroy ⓢ 파괴하다
kidnapping ⓜ 납치
method ⓜ 방법
prevent ⓢ 막다, 방지하다
solution ⓜ 해결책
back up (파일 등을) 백업하다
regularly ⓟ 정기적으로

문제
invisible ⓗ 보이지 않는
threat ⓜ 위협

Are you unable to open important files? Are you receiving emails that ask you to pay money if you want to unlock the files? If so, your computer may have ransomware. Ransomware is troublesome software secretly installed on a computer. It spreads through e-mail attachments, infected programs, and websites. After victims discover they cannot open their files, they receive an email asking them to pay money by a certain date. If they don't pay, the *decryption key will be destroyed and the files will be lost forever. Because of this, ransomware is also called data-kidnapping. Unfortunately, there is no method of preventing it. The best solution is to back up your data regularly.

*decryption key (컴퓨터) 암호 해독 키

1 글의 제목으로 가장 적절한 것은?

① Types of Internet Crime
② Searching for Information Online
③ How to Keep Your Computer Safe
④ An Invisible Threat to Your PC: Ransomware
⑤ How to Download the Software You Need

서술형

2 랜섬웨어에 감염된 후 피해자가 돈을 지불하지 않으면 일어나는 일을 우리말로 쓰시오.

____

03

★★☆

156 words

VOCABULARY

desert 명 사막

drown 동 물에 빠져 죽다, 익사하다

die of ~으로 죽다

thirst 명 갈증

rarely 부 좀처럼 ~하지 않는

soak up ~을 빨아들이다, 흡수하다

soil 명 토양, 흙

flood 명 홍수

flash 형 돌발적인, 순간의

predict 동 예측하다

flow 동 흐르다

valley 명 골짜기, 계곡

seldom 부 거의 ~ 않는

expect 동 예상하다

hardly 부 거의 ~ 아니다[없다]

as a result 결과적으로, 그 결과

문제

survive 동 살아남다

unpredictable 형 예측할 수 없는

VOCA PLUS

다의어 hard

1. 부 열심히
   He studied hard.
2. 부 심하게, 많이
   The wind is blowing hard.
3. 형 단단한, 딱딱한
   The turtle's shell is hard.
4. 형 어려운
   The math question was hard.

The Sahara is a dangerous desert. It can get very hot, and there is little water. But did you know that more people drown in the Sahara than die of thirst? It sounds strange, but it's true. In fact, hundreds of people drowned in one night in 1995.

It rarely rains in the Sahara. But when it does, it rains very hard. And the desert sand can't soak up the water as quickly as soil can. This causes floods to happen suddenly. These are known as flash floods. They are hard to predict because the *downpours happen in small areas, and people far away from those areas have no idea what is happening there. When water suddenly begins flowing through valleys, people are seldom prepared. They don't expect floods in (hardly, there, any water, a place, is, where). Sadly, many people drown as a result. So be careful if you plan to travel across the Sahara!

*downpour 폭우

1 What is this passage mainly about?

① how to survive in the Sahara
② how to find water in the Sahara
③ the danger of floods in the Sahara
④ the unpredictable weather in the Sahara
⑤ what to bring to the Sahara when travelling

2 다음 중 사하라 사막의 홍수에 관해 언급된 것은?

① 평균 강우량 ② 발생 시기
③ 연간 피해 규모 ④ 홍수 예보가 어려운 이유
⑤ 홍수가 났을 때 대피법

3 사하라 사막에 대해 글의 내용과 일치하면 T, 그렇지 않으면 F를 쓰시오.

(1) 하룻밤에 수백 명의 사람들이 탈수로 죽은 적이 있다. ________
(2) 비가 거의 내리지 않지만, 일단 오면 많이 내린다. ________
(3) 사막의 모래는 일반 토양만큼 물을 빠르게 흡수한다. ________

서술형

4 글의 ( ) 안에 주어진 단어를 바르게 배열하여 문장을 완성하시오.

____

PSYCHOLOGY

04 ★★★ 164 words

VOCABULARY

in the middle 가운데에
product 명 제품
wasteful 형 낭비적인
unnecessary 형 불필요한
quality 명 품질
risky 형 위험한
end up v-ing 결국 ~하게 되다
be aware of ~을 알다
behavior 명 행동
market 동 (상품을) 내놓다, 광고하다
strategy 명 계획, 전략
sale 명 판매 (*pl.*) 판매량, 매출액
version 명 (어떤 것의 약간 다른) 형태
function 명 기능
encourage 동 격려하다; *부추기다, 조장하다
original 형 원래의
문제
consumer 명 소비자

VOCA PLUS

다의어 view
1. 명 경치, 조망
The night view of Hong Kong is beautiful.
2. 명 견해, 의견
He and I have different views.
3. 동 여기다, 생각하다
I viewed it as a serious problem.

In the story "Goldilocks and the Three Bears," a little girl named Goldilocks chooses between three beds. The first bed is very hard, and the second bed is very soft. (①) But the third one is in the middle—neither too hard nor too soft. (②) So that's the one she decides to sleep in. (③) They view more expensive products as wasteful and unnecessary. (④) And they see cheaper products as low-quality and risky. (⑤) So they usually end up buying the one in the middle. Companies are aware of this behavior, and they often use it when they market their products. The strategy is actually called Goldilocks pricing. Companies use this strategy when they want to increase their sales of a certain product. They simply introduce a more expensive version and a cheaper version of the product with the same function. This encourages more shoppers to buy the original product—the one whose price is right in the middle!

정답 및 해설 p. 28

1 **글의 주제로 가장 알맞은 것은?**

① 대기업의 성공적인 마케팅 사례
② 대형 마트가 상품을 진열하는 방법
③ 소비자들이 세일 상품에 열광하는 이유
④ 높은 판매율을 위한 기업들의 가격 책정 전략
⑤ 잘 팔리는 물건이 판매대 중앙에 위치하는 이유

2 Where would the following sentence best fit in the passage?

In real life, shoppers often act like Goldilocks.

① ② ③ ④ ⑤

서술형

3 **다음 영영 뜻풀이에 해당하는 단어를 본문에서 찾아 쓰시오.**

the special purpose of something

____

서술형

4 **글의 내용과 일치하도록 빈칸에 알맞은 말을 본문에서 찾아 쓰시오.**

Goldilocks pricing is the strategy of introducing a cheaper product and a more expensive product to ____________ consumers to buy the product in the ____________.

Talk Talk한 이야기
p. 75

REVIEW TEST

정답 및 해설 p. 28

A

다음 의미에 해당하는 단어를 | 보기 |에서 찾아 쓰시오.

	보기		design	thirst	quality	method	secretly

1 ________________: the state of needing something to drink

2 ________________: a certain way to do something

3 ________________: how good or bad something is

4 ________________: to plan and make something for a specific purpose

5 ________________: without others knowing or being told

B

다음 밑줄 친 단어와 의미가 비슷한 것을 고르시오.

1 You should reduce unnecessary spending.

① extra ② expensive ③ public ④ cheap ⑤ needless

2 He is seldom late for meetings.

① often ② rarely ③ never ④ usually ⑤ always

3 He loves to discover new things when he travels.

① establish ② find ③ experiment ④ introduce ⑤ experience

C

우리말과 같은 뜻이 되도록 빈칸에 들어갈 말을 | 보기 |에서 골라 알맞은 형태로 쓰시오.

	보기		go off	be aware of	soak up

1 나는 알람이 오전 7시에 울리도록 설정했다.

I set the alarm to ____________________________ at 7:00 a.m.

2 그 스폰지가 탁자 위의 물을 모두 빨아들였다.

The sponge ____________________________ all the water on the table.

3 그녀는 비타민C 복용의 이점을 알고 있다.

She ____________________________ the benefits of taking Vitamin C.

Talk Talk한 이야기

금발머리 골디락스, 너 여기저기 잘 보인다?

골디락스와 세 마리 곰의 이야기 (Goldilocks and the Three Bears)

영미권에서는 상당히 유명한 전래동화로, 골디락스는 금(gold)과 머리카락(locks)을 합친 말이자 주인공의 이름입니다. 이 이야기에서 골디락스는 숲속을 헤매다 텅 빈 오두막을 발견합니다. 부엌에는 죽 세 그릇이 있었는데, 첫 번째 죽은 너무 뜨겁고 두 번째 죽은 차가웠어요. 배고픈 골디락스는 세 번째 죽을 다 먹었습니다. 그 후 골디락스는 거실로 가서 세 개의 의자를 발견합니다. 두 개의 의자는 각각 너무 크거나 작아서 그녀는 세 번째 의자를 선택합니다. 노곤해진 골디락스는 침실로 가서 마찬가지로 세 번째 침대를 선택합니다. 이윽고 세 마리 곰이 산책을 마치고 집으로 돌아왔고, 그들의 소리에 깬 골디락스는 부리나케 도망쳤답니다.

이 이야기에 영감을 얻어서인지 여러 분야에서 그녀의 이름이 종종 등장합니다. 그중 대표적인 것들을 소개합니다.

골디락스 경제

높은 경제 성장률에도 불구하고 물가가 오르지 않는 이상적인 경제 상황을 말합니다. 이는 골디락스가 뜨겁지도 차갑지도 않은 미지근한 죽을 먹은 것에 빗댄 표현입니다.

골디락스 경제가 처음으로 사용된 것은 1990년대의 미국인데, 당시 미국은 4퍼센트가 넘는 높은 성장률을 보이면서도 낮은 실업률과 저물가 상태를 유지하는 등 이례적인 경제 호황을 누렸습니다.

&

골디락스 행성

너무 뜨겁지도, 차갑지도 않아 생명체가 살기에 이상적인 행성이에요. 골디락스 행성이 되려면 다음과 같은 네 가지 조건을 충족해야 합니다.

1. 행성 표면에 물이 액체 상태로 존재하는가
2. 대기가 질소, 이산화탄소, 산소로 되어 있는가
3. 기후의 상태 및 변화가 안정적인가
4. 대지를 구성하는 판이 수평으로 이동하는가

www.nebooks.co.kr

Section

8

01 우주 비행사들의 식사
◆ SPACE

02 교장 선생님이 왜 머리를 밀었을까?
◆ PEOPLE

03 세계에서 가장 높은 폭포는?
◆ NATURE

04 이럴 땐 내가 아닌 것 같아!
◆ CULTURE

SPACE

01

★☆☆

122 words

정답 및 해설 p. 29

VOCABULARY

astronaut 명 우주 비행사
squeeze 동 짜내다
tube 명 튜브, 통
excellent 형 훌륭한, 탁월한
though 부 하지만
easily 부 쉽게
float 동 떠다니다, 떠돌다
stomach 명 위, 배
trick 동 속이다
enough 부 충분히
nutritionally 부 영양상으로
balanced 형 균형 잡힌

In the early days of the space program, astronauts had to squeeze their food out of tubes. It didn't taste very good. The food that astronauts eat today is much better than before. Today they can choose from about 150 different kinds of food and drinks. These include chicken and rice, strawberry yogurt, apple pie, lemonade, and other tasty things. Since the meals are prepared by excellent cooks on Earth, they are delicious and healthy. There is still one small problem, though. In *zero gravity, astronauts feel full easily because the food they eat floats inside their stomach. This tricks their brain and makes them think they ate enough. So, astronauts try to eat nutritionally balanced meals in order to stay healthy.

*zero gravity 무중력

1 최근 우주 비행사들이 먹는 음식에 대한 설명 중 일치하지 <u>않는</u> 것은?

① 종류가 다양하다.
② 음료가 제공된다.
③ 지구에서 만들어진다.
④ 맛이 별로 없다.
⑤ 건강에 좋다.

서술형

2 우주 비행사들이 쉽게 포만감을 느끼는 이유를 우리말로 간단히 쓰시오.

____

PEOPLE

02

★☆☆ 136 words

정답 및 해설 p. 30

VOCABULARY

shocking 형 충격적인
shave 동 밀다, 면도하다
principal 명 교장
suffer from (병을) 앓다
cancer 명 암
fall out 떨어져 나가다
cheer up ~을 응원하다, 기운을 북돋우다
bully 동 (약자를) 괴롭히다, 따돌리다
tease 동 놀리다
support 동 지지하다, 응원하다
treat 동 대하다, 대우하다
respect 명 존중, 존경

One day at Pekin Middle School in Iowa, a shocking event happened. A student named Jackson shaved ⓐ his principal's head! Why did he do it? A few days before the event, ⓑ he shaved his own head. ⓒ His grandfather had been suffering from cancer, and all of his hair had fallen out. So Jackson shaved his own head to cheer ⓓ him up. When he arrived at school with a shaved head, his classmates bullied ⓔ him. Jackson's mom called the school and told Principal Hadley what had happened. Principal Hadley was very upset that Jackson was teased for supporting his grandfather. So he asked Jackson to shave his head! Principal Hadley wanted to send a strong message to the students who teased Jackson. He was hoping to show them the importance of treating others with kindness and respect.

1 글의 밑줄 친 ⓐ~ⓔ 중 가리키는 것이 다른 하나는?

① ⓐ ② ⓑ ③ ⓒ ④ ⓓ ⑤ ⓔ

서술형

2 Jackson이 자신의 머리를 밀게 된 이유를 우리말로 간단히 쓰시오.

____

NATURE

03

★★☆
189 words

VOCABULARY

waterfall 명 폭포
be located 위치해 있다
southeastern 형 남동부의
pilot 명 비행사
crash 동 추락[충돌]하다 명 추락[충돌] 사고
struggle 동 분투하다, 애쓰다
survive 동 살아남다
rescue 동 구조하다
accident 명 사고
site 명 장소
outside 형 바깥의, 외부의
surround 동 둘러싸다
thick 형 두꺼운; *울창한
reach 동 도달하다
nearby 형 인근의, 가까운 곳의
despite 전 ~에도 불구하고
문제
hike 동 도보 여행을 하다

VOCA PLUS

다의어 fall

1. 동 떨어지다
Several of the books had fallen onto the floor.
2. 동 넘어지다
I fell down on the ice.
3. 명 가을
in the fall of 2005
4. 명 폭포 (*pl.* falls)
The falls upstream are full of salmon.

Do you know what the highest waterfall in the world is? Is it Niagara Falls? Nope! It's Angel Falls, which is located on the Churun River in southeastern Venezuela. Angel Falls is 979 meters high. It was named after pilot Jimmie Angel. He first saw the falls from his plane while searching for gold in 1933. Four years later, he flew back to the falls, but his plane crashed. After the crash, Angel struggled to survive for eleven days before he was rescued. His accident was bad for him, but good for the world. Without the crash, this amazing natural site might have never been known to the outside world.

Angel Falls is surrounded by tall mountains and thick jungle. There are only two ways to reach it. One of them is from the air in a small airplane, and the other one is by boat. By boat, it takes three and a half hours to get to the nearby jungle. Then it takes another hour to walk through the jungle and reach the falls. Despite this, many tourists from all around the world visit the waterfall each year.

1 What is NOT mentioned about Angel Falls in the passage?

① 위치　　② 규모
③ 이름의 유래　　④ 폭포에 가는 방법
⑤ 한 해 평균 방문객 수

2 Angel Falls의 발견 과정과 관련된 속담으로 가장 알맞은 것은?

① The walls have ears.
② Easy come, easy go.
③ No news is good news.
④ Out of sight, out of mind.
⑤ Every cloud has a silver lining.

서술형
3 다음 질문에 대한 답을 본문에서 찾아 우리말로 간단히 쓰시오.

How long does it take to get to Angel Falls without an airplane?

____

서술형
4 글의 내용과 일치하도록 빈칸에 알맞은 말을 본문에서 찾아 쓰시오.

If you want to see Angel Falls, you must travel there by ______________ or ride in a ______________ and then hike through the ______________.

CULTURE

04

★★★

146 words

Jisoo is learning English as a second language. She has noticed something interesting. When she speaks her native language, she feels quiet and shy. However, when she speaks English, she feels outgoing and confident. Actually, this situation is quite common. Research has shown that people's personalities can change when they speak different languages. In a study, Mexican Americans took a personality test. (a) First they took it in English, and then they took it in Spanish. (b) On the English test, they scored higher in three categories: friendliness, openness, and thoughtfulness. (c) These traits tend to be connected with American culture. (d) Mexico and the United States are neighbors, but they don't share a common language. (e) This shows that you can't separate a culture's values from its language—when you speak the language, you are affected by the values. So don't worry if you feel like a different person when you use English. You're just experiencing the cultural values of the language you're speaking.

VOCABULARY

second language 제2 언어
notice 동 알아채다, 인지하다
native 형 출생지의
shy 형 수줍음을 많이 타는
outgoing 형 외향적인
confident 형 자신감 있는
quite 부 꽤, 상당히
personality 명 성격
study 명 공부, 연구
score 동 점수를 받다
category 명 범주
trait 명 특성
be connected with ~와 연관되다
separate A from B B에서 A를 분리시키다
value 명 (*pl.*) 가치관, 가치 기준

문제

first language 제1 언어, 모국어
define 동 정의하다

VOCA PLUS

형용사 + -ness → 명사

happy 형 행복한
happiness 명 행복

friendly 형 친한; 친절한
friendliness 명 우정, 친절

open 형 열린; 솔직한
openness 명 솔직함

thoughtful 형 사려 깊은
thoughtfulness 명 사려 깊음

1 What is the best title for the passage?

① Culture Is More Important than Language
② Your First Language Defines Who You Are
③ The US: One Language, but Many Cultures
④ The Effect Language Has on Your Personality
⑤ Learning Two Languages Can Make You Smarter

2 문장 (a)~(e) 중 글의 흐름과 관계가 없는 것은?

① (a) ② (b) ③ (c) ④ (d) ⑤ (e)

3 글의 내용과 일치하면 T, 그렇지 않으면 F를 쓰시오.

(1) 사람들은 모국어를 말할 때 수줍어지는 경향이 있다. ________
(2) 스페인어는 친절함, 배려 등의 특성과 연관되어 있다. ________
(3) 특정 언어를 말하는 것은 그 언어의 문화적 가치관을 경험하는 것과 같다. ________

서술형

4 글의 내용과 일치하도록 빈칸에 알맞은 말을 본문에서 찾아 쓰시오.

People often feel like their ____________ changes when they speak a different language. This is because it is impossible to separate a culture's language from its ____________.

REVIEW TEST

정답 및 해설 p. 32

A

다음 의미에 해당하는 단어를 | 보기 |에서 찾아 쓰시오.

	보기		respect	trick	tease	category	struggle

1 ________________: to cause to believe something untrue or false

2 ________________: to laugh at someone or say something in an unkind way

3 ________________: a group of similar things

4 ________________: politeness or care toward someone that is good or important

5 ________________: to try hard to do something even though it is very difficult

B

다음 밑줄 친 단어와 의미가 비슷한 것을 고르시오.

1 I feel quite tired after traveling for so long.
① very ② hardly ③ quietly ④ equally ⑤ loudly

2 The construction site is over there.
① sign ② area ③ center ④ project ⑤ address

3 The firefighter rescued the little girl from the fire.
① avoided ② escaped ③ saved ④ prevented ⑤ noticed

C

우리말과 같은 뜻이 되도록 빈칸에 들어갈 말을 | 보기 |에서 골라 알맞은 형태로 쓰시오.

	보기		cheer up	be connected with	be located

1 그 범죄자가 다른 범죄에 연관되었다는 것이 밝혀졌다.
It turned out that the criminal ____________________________ the other crimes.

2 그녀는 향수병을 앓고 있던 친구의 기운을 북돋아주었다.
She ____________________________ her friend who was suffering from homesickness.

3 그 새로운 쇼핑몰은 도심 한가운데 위치해 있다.
The new shopping mall ____________________________ in the center of town.

Talk Talk한 이야기

죽기 전에 꼭 봐야 할 세계의 3대 폭포

나이아가라 폭포 (Niagara Falls)

나이아가라 폭포는 캐나다와 미국의 국경 사이에 있는 폭포로 높이가 55미터, 폭은 671미터에 달합니다. 1678년 프랑스의 선교사에 의해 발견된 후 1800년대부터 본격적으로 개발되어 캐나다와 미국의 대표적인 관광명소가 됐어요. 이곳에선 특히 유람선 투어가 유명해요. 이외에도 짚라인, 케이블카, 전망대 등 다양한 즐길 거리가 있어요!

이구아수 폭포 (Iguazu Falls)

이구아수 폭포는 브라질과 아르헨티나의 국경에 있는 폭포로 너비만 무려 3킬로미터, 높이 70미터 이상으로 아주 큰 폭포예요. 1500년대에 어느 한 스페인의 정복자에 의해 발견된 이후 알려지기 시작했다고 해요. 특히 유명한 곳은 악마의 목구멍(the Devil's Throat)이라 불리는 곳으로 엄청난 양의 물이 쏟아지는 모습이 장관이죠. 브라질에서는 폭포 전체의 모습을 파노라마처럼 감상할 수 있다면, 아르헨티나에서는 생태 열차를 타고 직접 폭포 탐험을 할 수 있다고 하니 원하는 곳으로 방문해 보세요!

빅토리아 폭포 (Victoria Falls)

아프리카 사람들은 빅토리아 폭포를 '모시 오아 툰야(Mosi-oa-Tunya)'라고 불러요. '천둥 치는 연기'라는 뜻으로 하얀 물보라가 솟구치는 모습 때문에 이렇게 부른다고 해요. 잠비아와 짐바브웨 국경에 있는 폭포로 폭이 1.6킬로미터, 최대 낙차는 108미터라고 해요. 1855년 영국의 한 탐험가가 이 폭포를 처음 발견했고, 빅토리아 여왕의 이름을 따서 폭포의 이름을 지었어요. 잠비아 쪽에는 폭포 위에서 수영할 수 있는 악마의 수영장(Devil's pool)이 있다고 하니 한 번쯤 방문해 보는 건 어떨까요?

www.nebooks.co.kr

Section

9

01 내 사전에 불가능은 없어!
◆ PEOPLE

02 맥도날드 로고가 푸른색이라고?
◆ PLACES

03 내가 영화에 투자할 수 있다니!
◆ ECONOMY

04 화가 날 땐 이렇게 해 보세요
◆ PSYCHOLOGY

★☆☆
108 words

정답 및 해설 p. 33

VOCABULARY

skier 명 스키 타는 사람
accident 명 사고
attempt 동 시도하다
back 명 등; *등뼈, 척추
operation 명 수술
eventually 부 결국, 마침내
sail 동 항해하다; *(배를) 조종하다
yacht 명 요트
scuba diver 스쿠버 다이버
take a trip 여행하다
kayaking 명 카약 타기

Peter Hershorn, a young skier, had a terrible accident while attempting a big jump. His back was broken, and he couldn't move his legs. Although Peter had two operations, he still couldn't walk. But he loved sports, so he tried to find one that he could do. Eventually, he learned to sail yachts. He also became a good scuba diver. Peter then took a kayaking trip down the Colorado River and became the first *paraplegic to kayak the Grand Canyon. When people ask him how he can do all of this, he says, "If I thought only about what I can't do, I'd still be in the hospital."

*paraplegic 양쪽 하반신 마비의 환자

1 글을 통해 알 수 있는 Peter의 성격으로 가장 알맞은 것은?

① lazy ② elegant ③ polite
④ positive ⑤ humorous

서술형

2 사고 후에 Peter가 시도한 일들을 우리말로 간단히 쓰시오. (3가지)

(1) ______________________

(2) ______________________

(3) ______________________

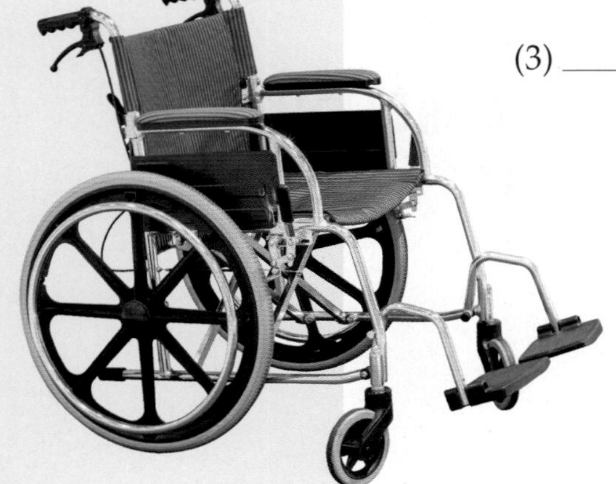

02 ★☆☆

112 words

정답 및 해설 p. 33

VOCABULARY

tens of thousands of 수만 개[명]의
recognize ⓢ 알아보다, 인지하다
logo ⓜ 상징, 로고
golden ⓗ 황금빛의
arch ⓜ 아치, 아치형 장식
shape ⓢ ~ 모양으로 만들다
desert ⓜ 사막
be famous for ~으로 유명하다
natural ⓗ 자연의
fit ⓢ 어울리게 하다, 적합하다
landscape ⓜ 풍경, 경치
greenish ⓗ 초록빛을 띤
sign ⓜ 표지판, 간판

문제
ruin ⓢ 망치다
view ⓜ 경관, 전망

There are tens of thousands of McDonald's fast-food restaurants all across the world. Most people easily recognize the company's logo: two golden arches shaped like a big "M." (①) But at the McDonald's in Sedona, Arizona, the golden arches are actually blue. (②) Sedona is located in the desert and is famous for its natural beauty. (③) McDonald's decided to open a restaurant there in the early 1990s. (④) So McDonald's agreed to use a color that better fits the natural landscape. (⑤) They chose a greenish-blue color known as *turquoise. Today, tourists often visit the Sedona McDonald's just to see its unique sign.

*turquoise 청록색

1 글의 흐름으로 보아 주어진 문장이 들어갈 위치로 가장 적절한 곳은?

> City leaders, however, worried that a big golden "M" would ruin the view.

① ② ③ ④ ⑤

서술형

2 Sedona에서 맥도날드의 로고가 청록색인 이유를 우리말로 쓰시오.

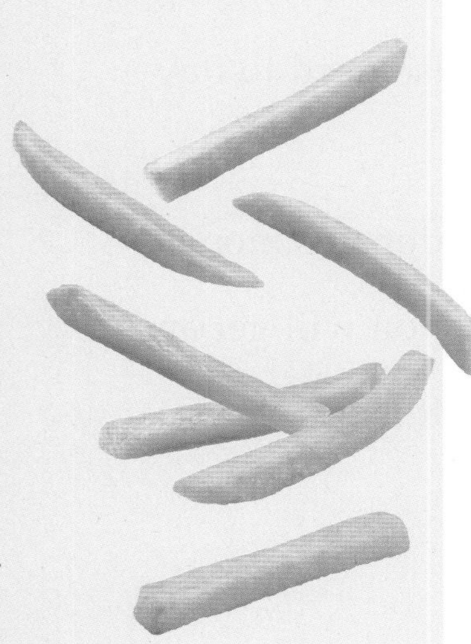

171 words

VOCABULARY

talented 형 재능 있는
actor 명 배우
luckily 부 다행히
unfortunately 부 불행하게도
donate 동 기부하다
move 동 움직이다; *이사하다
experience 명 경험
touching 형 감동적인
rent 동 빌리다
light 명 빛; *조명
staff 명 직원
reward 명 보상
autograph 동 사인을 해주다
copy 명 복사본
문제
goods 명 상품, 물품

VOCA PLUS

다의어 free

1. 형 자유의, 자유로운
   free time
2. 형 무료의, 공짜의
   The bicycle is free to ride.
3. 동 석방하다, 풀어주다
   The slaves were freed from the prison.

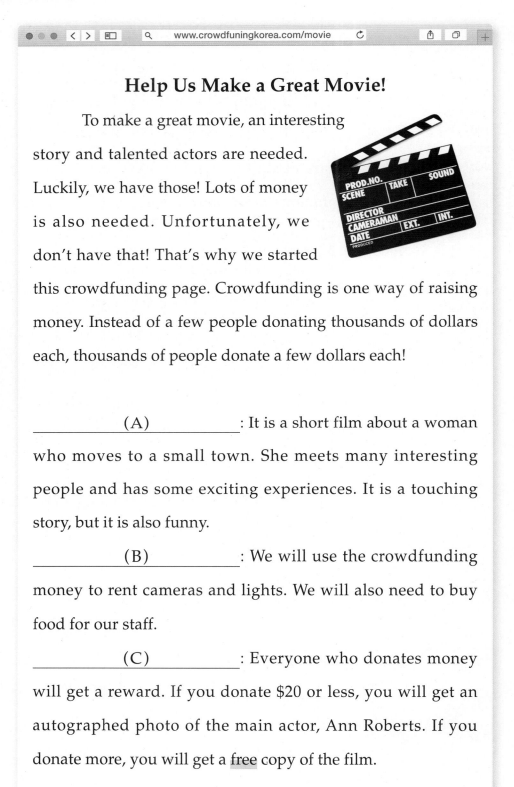

www.crowdfuningkorea.com/movie

Help Us Make a Great Movie!

To make a great movie, an interesting story and talented actors are needed. Luckily, we have those! Lots of money is also needed. Unfortunately, we don't have that! That's why we started this crowdfunding page. Crowdfunding is one way of raising money. Instead of a few people donating thousands of dollars each, thousands of people donate a few dollars each!

________ (A) ________ : It is a short film about a woman who moves to a small town. She meets many interesting people and has some exciting experiences. It is a touching story, but it is also funny.

________ (B) ________ : We will use the crowdfunding money to rent cameras and lights. We will also need to buy food for our staff.

________ (C) ________ : Everyone who donates money will get a reward. If you donate $20 or less, you will get an autographed photo of the main actor, Ann Roberts. If you donate more, you will get a free copy of the film.

1 **글의 목적으로 가장 알맞은 것은?**

① 영화 시사회에 초대하기 위해
② 영화 제작 자금을 모으기 위해
③ 곧 개봉할 영화를 홍보하기 위해
④ 영화배우 오디션을 안내하기 위해
⑤ 크라우드 펀딩을 설명해 주기 위해

2 What is NOT true according to the passage?

① 크라우드 펀딩은 다수의 사람들이 돈을 기부하는 방식이다.
② 제작 예정인 영화는 여성이 주연인 단편 영화이다.
③ 모인 돈으로 카메라와 조명을 구매할 계획이다.
④ 돈을 기부한 모든 사람들에게 보상이 주어진다.
⑤ 기부 금액에 따라 보상의 종류가 다르다.

3 **글의 빈칸 (A), (B), (C)에 들어갈 말로 알맞은 것을 연결하시오.**

(1) (A) •	• ⓐ What you get
(2) (B) •	• ⓑ What our movie is about
(3) (C) •	• ⓒ What we need

서술형

4 **다음 영영 뜻풀이에 해당하는 단어를 본문에서 찾아 쓰시오.**

to give money or goods to an organization

____

PSYCHOLOGY

04

★★★
176 words

VOCABULARY

express ⓢ 표현하다
anger ⓜ 화, 분노
yell ⓢ 소리치다, 고함치다
emotional ⓗ 감정의, 정서의
effective ⓗ 효과적인
statement ⓜ 말, 진술
blame ⓢ 비난하다
explain ⓢ 설명하다
hurt ⓢ 다치게 하다; *(감정을) 상하게 하다
attack ⓢ 공격하다
insult ⓜ 모욕(적인 말·행동)
improve ⓢ 향상시키다
communicate ⓢ 의사소통하다

문제
skill ⓜ 기술
relationship ⓜ 관계
attitude ⓜ 태도
apologize ⓢ 사과하다
thought ⓜ 생각, 사고

VOCA PLUS

화, 분노와 관련된 형용사
upset ⓗ 언짢은, 화가 난
annoyed ⓗ (살짝) 짜증이 난, 약이 오른
angry ⓗ 화가 난
mad ⓗ 몹시 화가 난
crazy ⓗ 미친 듯이 화가 난
irritated ⓗ (반복적인 일로) 짜증이 난

How do you express your anger? Do you yell or hit things? Or do you just *repress your feelings? Many people still believe being anger-free is good for one's emotional health. But, in fact, it isn't. It is better for your emotional health to express anger in an effective way. The best way is to express anger in clear statements that don't blame other people. Say that you are upset and explain the reason why. You should also say what you want the other person to do. For example, "I feel angry because ...." and "I want you to ...." When you do that, you should avoid "you" messages like "You hurt me a lot." Saying "I" instead of "you" shows that you are not blaming the other person. This way, you can (your feelings, without, attacking, explain, the other person). You should also avoid **name-calling, insults, and using the words *never* or *always*. If you express your anger effectively, it will improve not only your emotional health but also your ability to communicate with others.

*repress (감정을) 억누르다 **name-calling 욕설(하기)

정답 및 해설 p. 35

1 What is this passage mainly about?

① how to control your feelings better
② effective communication skills
③ how to express your anger effectively
④ how to have good relationships with others
⑤ the reason why you should not get angry

2 글에 따르면 화가 났을 때 피해야 할 말이 아닌 것은?

① Never do that again.
② You make me crazy.
③ Tom, you're always late.
④ Your attitude is always bad.
⑤ I want you to apologize to me.

서술형

3 글의 ( ) 안에 주어진 단어를 바르게 배열하여 문장을 완성하시오.

____

서술형

4 다음 영영 뜻풀이에 해당하는 단어를 본문에서 찾아 쓰시오.

to show a thought or feeling in words or actions

____

REVIEW TEST

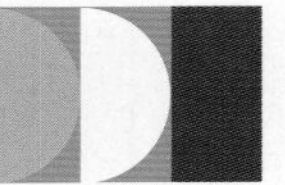

정답 및 해설 p. 36

A

다음 의미에 해당하는 단어를 | 보기 |에서 찾아 쓰시오.

보기	sail	reward	apologize	statement	operation

1 ______________: to control a ship or boat

2 ______________: to tell somebody that you are sorry

3 ______________: something given for doing something good

4 ______________: the medical process of cutting into a body to fix it

5 ______________: something said or written to express an idea or opinion

B

다음 밑줄 친 단어와 의미가 비슷한 것을 고르시오.

1 I was worried that my brother had ruined my painting.

① destroyed ② copied ③ touched ④ corrected ⑤ developed

2 He is a talented baseball player.

① famous ② special ③ successful ④ gifted ⑤ professional

3 She yelled at her son for playing with fire.

① looked ② waved ③ laughed ④ pointed ⑤ shouted

C

우리말과 같은 뜻이 되도록 빈칸에 들어갈 말을 | 보기 |에서 골라 알맞은 형태로 쓰시오.

보기	take a trip	tens of thousands of	be famous for

1 이 도시는 봄마다 활짝 피는 피는 벚꽃으로 유명하다.

This city ______________________ the cherry blossoms that bloom each spring.

2 수만 명의 사람들이 그 밴드의 콘서트를 보려고 왔다.

______________________ people came to see the band's concert.

3 우리는 계곡으로 여행을 가려고 생각 중이다.

We're thinking of ______________________ to the valley.

Talk Talk한 이야기

이런 기분일 때는 어떻게 해야 하죠?

웃으면 안되는데
웃음이 자꾸 나와요!

수업 시간이나 공공장소에서 큰 소리로 웃고 싶은데 웃을 수 없는 상황이 있었나요? 이런 곤란한 욕구를 해결할 수 있는 한 가지 방법이 있어요. 바로 **눈과 입을 최대로 활용**하는 것이에요. 입꼬리를 올린 채로 눈웃음을 지으면 **뺨 부위가 자극되어 뇌의 전두엽을 활성화**해요. 마치 소리 내어 웃는 것과 비슷한 느낌을 받게 해 주죠.

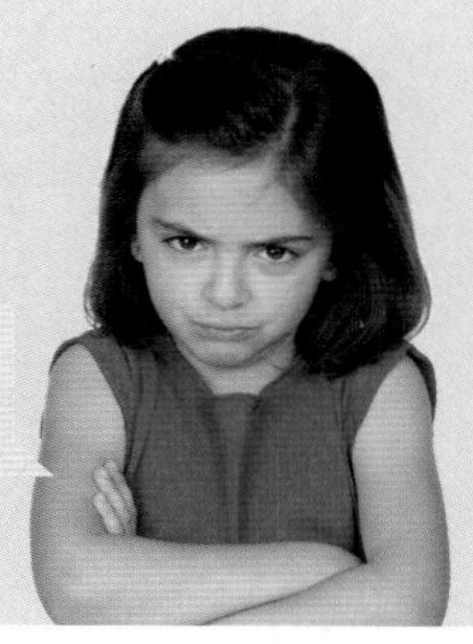

화를 참기가
힘들어요!

분노는 모두에게나 나타나는 자연스러운 감정이에요. 하지만 왜 우리는 분노를 부드럽게 표현하기 어려운 걸까요? 바로 분노는 공격성으로 잘못 표출되기 쉽기 때문이에요. 그래서 분노가 들 때 **스스로 감정을 인정하는 것이 가장 중요**해요. 내가 왜, 어떻게 화가 났는지 이유를 생각해 보고 조용히 말로 해 보세요. **"나는 이것 때문에 화가 났어"**라고 한 마디만 해도 끓어오르던 분노가 한풀 꺾일 거예요.

어떻게 하면 잘
웃을 수 있을까요?

평소에 감정 표현을 잘하는 사람이라면 웃는 것도 우는 것도 어렵지 않아요. 그렇지 않다면 즐거운 상황에서도 활짝 웃는 것이 어색할 수 있어요. 이럴 때는 **평소에 수시로 웃는 습관**을 들여보세요. 억지로 웃어도 엔도르핀이 분비되어 진짜로 행복해진답니다. **즐거운 감정을 다양하게 표현**하는 것 또한 도움이 될 수 있어요. **"너무 웃겨서 눈물이 날 것 같아"**, **"웃겨 죽을 뻔 했어"** 등과 같은 말을 사용할수록 자연스럽게 미소가 지어질 거예요.

속상한데 말할
사람이 없어요.

가장 가까운 가족에게 상처받았거나 개인적인 일로 속상한 마음을 공유할 사람이 없을 때는 혼자 감내해야 하죠. 이럴 때 **속상한 감정을 글로 표현**해 보는 건 어떨까요? 자신의 감정을 차분히 글로 쓰는 것은 부정적인 감정을 다스리는 데에 도움을 줄 수 있어요. 빨간색, 파란색 등 **강렬한 색깔의 펜으로 쓰면 의외로 해소 효과가 더 크다**고 해요.

www.nebooks.co.kr

Section

10

01 영웅이 된 비둘기
◆ HISTORY

02 배불뚝이 물고기
◆ ANIMALS

03 주인님을 위해 제가 할게요!
◆ TECHNOLOGY

04 달걀은 생각보다 강해요
◆ SCIENCE

HISTORY

01 ★☆☆ 110 words

VOCABULARY

touching ⓗ 감동적인
pigeon ⓜ 비둘기
save ⓓ 구하다
life ⓜ 목숨, 생명
carry ⓓ 나르다, 운반하다
seriously ⓑ 심각하게
wounded ⓗ 다친, 부상을 입은
blind ⓗ 눈이 먼 *ⓓ 눈이 멀게 만들다
shoot ⓓ (총 등을) 쏘다 (shoot-shot-shot)
deliver ⓓ 배달하다
battle ⓜ 전투
soldier ⓜ 군인, 병사
trap ⓓ 가두다
enemy ⓜ 적, 적군
문제
communicate ⓓ 의사소통하다

Here is a touching story about a special pigeon that saved people's lives. It happened during *World War I. At that time, pigeons were used to carry messages.

(A) Even though he was seriously wounded and blinded in one eye, Cher Ami flew 25 miles in 25 minutes and saved almost 200 lives.

(B) Finally, they sent their last pigeon, Cher Ami, which means "dear friend" in French. Like the other pigeons, Cher Ami was shot, but he kept flying and delivered his message.

(C) During a big battle, some American soldiers were trapped. They tried to send pigeons with a message asking for help, but each one was shot by the enemy.

*World War I 제1차 세계 대전

1 글의 제목으로 가장 적절한 것은?

① How Pigeons Communicate
② A Hero That Saved Many People
③ A Bird Named After a Big Battle
④ Birds That Are Trained to Fight in Battles
⑤ Why Pigeons Were Used to Deliver Messages

2 (A)~(C)를 글의 흐름에 알맞게 배열한 것은?

① (A) — (C) — (B)
② (B) — (A) — (C)
③ (B) — (C) — (A)
④ (C) — (A) — (B)
⑤ (C) — (B) — (A)

정답 및 해설 p. 37

VOCABULARY

blowfish 명 복어
including 전 ~을 포함하여
impressive 형 인상적인
characteristic 명 특징
be faced with ~에 직면하다
blow up ~을 부풀리다
fill A up with B A를 B로 가득 채우다
stomach 명 위; *복부, 배
sudden 형 갑작스러운
escape 동 탈출하다
unpleasant 형 불쾌한
defense 명 방어(법)
poison 명 독
deadly 형 치명적인

Blowfish are known by many names, including balloonfish, bubblefish, and swellfish. All of these names come from their most impressive characteristic: when they are faced with danger, they can blow themselves up like a balloon. If they are in the ocean, they do this by filling their stomach up with water. But if they're brought onto land, they can do the same thing with air. Most of their enemies are so surprised by this sudden change that the blowfish are able to escape. But if they still attack, they will get <u>another unpleasant surprise</u>. The bodies of blowfish contain a more powerful defense than the ability to suddenly get bigger—a poison that can be deadly.

1 복어에 대한 설명 중 글의 내용과 일치하지 <u>않는</u> 것은?

① 여러 가지의 이름을 갖고 있다.
② 위험에 처하면, 몸을 부풀린다.
③ 배를 물로 채워 몸을 풍선처럼 만든다.
④ 물 속에서만 몸을 부풀릴 수 있다.
⑤ 적을 놀라게 하여 위험에서 벗어난다.

서술형

2 글의 밑줄 친 <u>another unpleasant surprise</u>가 의미하는 것을 영어로 쓰시오. (2단어)

____

TECHNOLOGY

03

★★☆

132 words

VOCABULARY

crowded ⓗ 붐비는, 혼잡한
bump into ~와 부딪치다
furniture ⓜ 가구
travel ⓓ 여행하다; *이동하다
control ⓓ 제어하다, 조종하다
completely ⓑ 완전히
brain wave 뇌파
create ⓓ 창조하다, 만들어 내다
contain ⓓ 포함하다, ~이 들어 있다
command ⓜ 명령
follow ⓓ 따르다
task ⓜ 일, 과업
such as ~와 같은
communicate with ~와 의사소통하다
문제
distance ⓜ 거리

VOCA PLUS

다의어 object
1. ⓜ 물건, 물체
The box was full of interesting objects.
2. ⓜ 목적, 목표
The object of the game is to finish first.
3. ⓓ 반대하다
She objected to my idea.

A small, round robot moves through a crowded office. It bumps into people and furniture as it travels from one side of the room to the other. It doesn't sound ⓐ very special, does it? But this robot ⓑ is being controlled by a man who is about 100 kilometers away. Even more surprising, the man is completely *paralyzed. He is controlling the robot with his brain waves!

This ⓒ amazed robot was created by a Swiss scientist named José del R. Millán. It contains special software that can actually read a person's thoughts. People simply have to think commands, and the robot will follow them. It can be used to do simple tasks, such as ⓓ picking up objects and communicating with others. Hopefully, this technology will make life ⓔ easier for people who are paralyzed.

*paralyzed 마비된

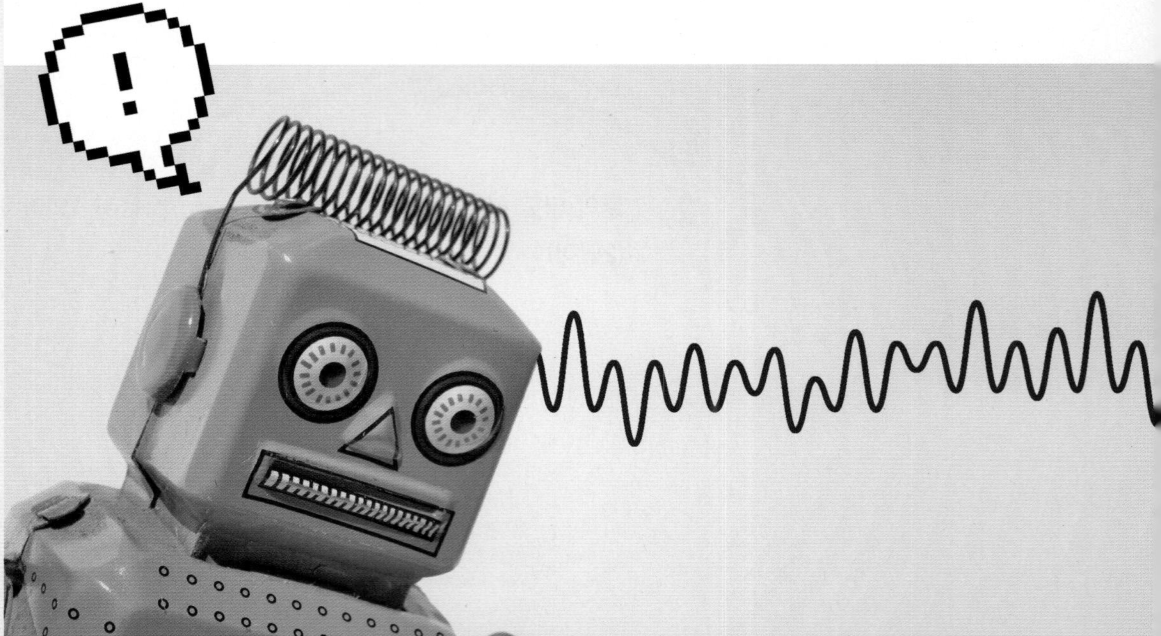

1 What is this passage mainly about?

① offices that use robot workers
② using robots to create software
③ a new way of traveling long distances
④ a robot that is controlled by thoughts
⑤ a robot that helps paralyzed people walk again

2 Millán이 만든 로봇에 관해 글에서 언급되지 않은 것은?

① 제작자
② 최대 주행 거리
③ 작동 원리
④ 수행 가능한 기능
⑤ 기대 효과

3 글의 밑줄 친 ⓐ~ⓔ 중 어법상 어색한 것은?

① ⓐ ② ⓑ ③ ⓒ ④ ⓓ ⑤ ⓔ

서술형

4 로봇 안에 무엇이 들어 있는지 본문에서 찾아 우리말로 쓰시오.

____

Talk Talk한 이야기 p. 105

SCIENCE

04 ★★★

179 words

VOCABULARY

disagree ⓢ 의견이 다르다, 동의하지 않다
forefinger ⓜ 집게손가락
thumb ⓜ 엄지손가락
squeeze ⓢ 짜다; *쥐다
entire ⓗ 전체의
press ⓢ (무엇에 대고) 누르다
wrap ⓢ (감)싸다
mess ⓜ 엉망인 상태
curved ⓗ 곡선의, 굽은, 휜
arch ⓜ 아치, 아치형 구조물
strength ⓜ 힘; *내구력
pressure ⓜ 압력
spread out ~을 퍼뜨리다, 확산시키다
surface ⓜ 표면
spot ⓜ 장소, 지점
be likely to-v ~할 것 같다
chef ⓜ 요리사
bowl ⓜ 그릇

문제

grab ⓢ 쥐다, 붙잡다
yolk ⓜ 노른자

VOCA PLUS

다의어 place

1. ⓜ 장소, 곳
Seoul is an exciting place to visit.

2. ⓜ 자리
There is no place to sit.

3. ⓢ 두다, 놓다
He placed his wallet on the table.

Most people think eggs break easily, but they're actually very strong. If you disagree, hold an egg between your forefinger and thumb. Put your forefinger on the top of the egg and your thumb on the bottom. 아무리 당신이 세게 쥐어도, the egg won't break! (A) If you squeeze the entire egg, it will not break. (B) However, if you only press against one side, it will probably break. (C) Next, place the egg in the center of your hand and wrap your fingers around it. Unless you want to clean up a mess, don't try this!

So what makes eggs so strong? The secret is their curved shape. It is similar to an arch, a shape often used in buildings because of its strength. Eggs are strongest at the top and bottom. And because they are curved, pressure is spread out across their entire surface. However, when that pressure is focused on one spot, the egg is more likely to break. That's why chefs hit eggs on the side of a bowl when they want to cook with them.

정답 및 해설 p. 39

1 What is the best title for the passage?

① How to Grab Eggs Safely
② Why Eggs Are So Strong
③ New Ways to Cook Eggs
④ Why Eggs Have a Curved Shape
⑤ How NOT to Break an Egg Yolk

2 글의 밑줄 친 우리말을 바르게 영작한 것은?

① No matter you squeeze hard
② Not matter do you squeeze hard
③ No matter how you squeeze hard
④ No matter how hard you squeeze
⑤ Not matter how hard do you squeeze

3 문장 (A)~(C)를 글의 흐름에 알맞게 배열한 것은?

① (A) — (C) — (B)
② (B) — (A) — (C)
③ (B) — (C) — (A)
④ (C) — (A) — (B)
⑤ (C) — (B) — (A)

서술형

4 글의 내용과 일치하도록 빈칸에 알맞은 말을 | 보기 |에서 골라 쓰시오.

| 보기 | wrap curved place squeeze pressure

You cannot break an egg if you ______________ it from top to bottom or ______________ your fingers around it. This is because the ______________ shape of the egg helps spread the ______________ across its surface.

REVIEW TEST

정답 및 해설 p. 40

A

다음 의미에 해당하는 단어를 | 보기 |에서 찾아 쓰시오.

	보기		blind	task	deadly	poison	press

1 ________________: something that can harm or kill when eaten or touched

2 ________________: to push something in a firm and steady way

3 ________________: likely or able to cause death

4 ________________: a piece of work that needs to be done

5 ________________: to make something or someone unable to see

B

다음 밑줄 친 단어와 의미가 비슷한 것을 고르시오.

1 The book was <u>wrapped</u> with beautiful paper.

① prepared ② carried ③ scratched ④ decorated ⑤ covered

2 The <u>sudden</u> noise surprised me.

① annoying ② loud ③ strange ④ shocking ⑤ unexpected

3 You must obey his <u>command</u>.

① favor ② order ③ rule ④ object ⑤ opinion

C

우리말과 같은 뜻이 되도록 빈칸에 들어갈 말을 | 보기 |에서 골라 알맞은 형태로 쓰시오.

	보기		bump into	be faced with	communicate with

1 나는 해답을 알 수 없는 문제에 직면해 있다.

I ____________________________ a problem that I don't know the answer to.

2 그는 동물들과 의사소통하는 특별한 능력을 지니고 있다.

He has the special ability to ____________________________ animals.

3 나는 모퉁이를 돌다가 어떤 사람들과 부딪혔다.

I ____________________________ some people while turning the corner.

Talk Talk한 이야기

로봇 vs. AI

이 그림 좀 봐. 사람이 아니고 AI(인공지능)가 그린 거래!

사람보다 더 잘 그리는 거 같은데? 로봇 기술이 이렇게나 발전하다니…!

무슨 소리야. 기계가 그린 게 아니고 저 로봇 손까지 AI가 만든 그림이야. **명령어 몇 개만 입력하면 원하는 그림을 몇 초 만에 완성**하지.

뭐? 하지만 내가 알던 작가랑 그림체가 너무 비슷한데…
이건 창작이라고 볼 수 없어. 표절이잖아!

동감이야. 하지만 AI 기술이 대단하다는 건 부정할 수 없어. 로봇 기술은 수십 년 전부터 연구되어 오고 있지만, **로봇들은 아직 자유자재로 움직이는 것도 어려운 상태**잖아. 철저히 프로그래밍 된 공간 안에서만 움직이고 그 영역 밖을 나가면 멈추게 되지.

그러면 로봇보다 AI가 더 빨리 발전하는 건 시간문제겠다.

동감이야. 이제 곧 그림과 관련된 직업은 거의 다 사라지지 않을까.

그림뿐이야? **ChatGPT**를 봐! 나랑 내 친구들은 그게 없으면 영어 공부를 못해. 어떨 때는 AI가 써 준 글이 나보다 나을 때가 있지. 벌써 어떤 회사들은 **보안 때문에 근무 시간에 ChatGPT 사용을 금지**했대.

벌써 의지하고 있군! AI를 탑재한 로봇이 나타나기라도 하면 엄청나겠는걸.

그런데 AI로 그림을 만들려면 어떻게 하면 돼? 나도 해 보고 싶어.

'AI 그림'이라고 검색하면 사이트가 많이 나올 거야. 유튜브(Youtube)에도 관련 동영상이 많이 올라와 있어. 참고해!

Photo Credits

p. 8 Fisher Space Pen model AG-7 Original Astronauts
https://commons.wikimedia.org/wiki/File:AG-7_Space_Pen.JPG

p. 10 Vincent van Gogh, Self-Portrait, oil on board, 1887
https://commons.wikimedia.org/wiki/File:VanGogh_1887_ Selbstbildnis.jpg

p. 10 Girl with a Pearl Earring (c. 1665). Oil on canvas
https://commons.wikimedia.org/wiki/File:Meisje_met_de_ parel.jpg

p. 10 Mona Lisa or La Gioconda (c. 1503–1516). Oil on poplar panel
https://commons.wikimedia.org/wiki/File:Mona_Lisa_ Digitally_Restored_and_Color_Balanced.jpg

p. 25 Reversed Earth map - resolution 1000 x 500 pixels
https://commons.wikimedia.org/wiki/File:Reversed_Earth_map_1000x500.jpg?uselang=en

p. 40 Maginot Line by Goran tek-en
https://commons.wikimedia.org/wiki/File:Maginot_Line-en. svg?uselang=ko

p. 48 Plumpy'Nut by DFID - UK Department for International Development
https://flickr.com/photos/14214150@N02/33140342933

p. 49 Adspecs image
http://cvdw.org/ourwork/#twominintro

p. 89 Turquoise arch in Sedona, Az
https://commons.wikimedia.org/wiki/File:Sedona-Turquoise_arch.jpg

p.105 An artificial intelligence generated image given the prompt "A photo of a robot hand drawing, digital art".
https://commons.wikimedia.org/wiki/File:DALL-E_2_%22A_photo_of_a_robot_hand_drawing,_digital_art%22.jpg

MEMO

MEMO

MEMO

MEMO

지은이

NE능률 영어교육연구소

NE능률 영어교육연구소는 혁신적이며 효율적인 영어 교재를 개발하고
영어 학습의 질을 한 단계 높이고자 노력하는 NE능률의 연구조직입니다.

1316 Reading 〈Level 3〉

펴 낸 이 주민홍
펴 낸 곳 서울특별시 마포구 월드컵북로 396(상암동) 누리꿈스퀘어 비즈니스타워 10층
㈜ NE능률 (우편번호 03925)
펴 낸 날 2024년 1월 5일 개정판 제1쇄 발행
2024년 5월 15일 제2쇄
전 화 02 2014 7114
팩 스 02 3142 0356
홈페이지 www.neungyule.com
등록번호 제1-68호
I S B N 979-11-253-4289-2
정 가 14,000원

NE 능률

고객센터

교재 내용 문의 : contact.nebooks.co.kr (별도의 가입 절차 없이 작성 가능)
제품 구매, 교환, 불량, 반품 문의 : 02-2014-7114
☎ 전화문의는 본사 업무시간 중에만 가능합니다.

NE능률 교재 MAP

아래 교재 MAP을 참고하여 본인의 현재 혹은 목표 수준에 따라 교재를 선택하세요.
NE능률 교재들과 함께 영어실력을 쑥쑥~ 올려보세요!
MP3 등 교재 부가 학습 서비스 및 자세한 교재 정보는 www.nebooks.co.kr 에서 확인하세요.

초1-2
초등영어 리딩이 된다 Start 1
초등영어 리딩이 된다 Start 2
초등영어 리딩이 된다 Start 3
초등영어 리딩이 된다 Start 4

초3
리딩버디 1

초3-4
리딩버디 2
초등영어 리딩이 된다 Basic 1
초등영어 리딩이 된다 Basic 2
초등영어 리딩이 된다 Basic 3
초등영어 리딩이 된다 Basic 4

초4-5
리딩버디 3
주니어 리딩튜터 스타터 1

초5-6
초등영어 리딩이 된다 Jump 1
초등영어 리딩이 된다 Jump 2
초등영어 리딩이 된다 Jump 3
초등영어 리딩이 된다 Jump 4
주니어 리딩튜터 스타터 2

초6-예비중
주니어 리딩튜터 1
Junior Reading Expert 1
Reading Forward Basic 1

중1
1316 Reading 1
주니어 리딩튜터 2
Junior Reading Expert 2
Reading Forward Basic 2
열중 16강 독해+문법 1
Reading Inside Starter

중1-2
1316 Reading 2
주니어 리딩튜터 3
정말 기특한 구문독해 입문
Junior Reading Expert 3
Reading Forward Intermediate 1
열중 16강 독해+문법 2
Reading Inside 1

중2-3
1316 Reading 3
주니어 리딩튜터 4
정말 기특한 구문독해 기본
Junior Reading Expert 4
Reading Forward Intermediate 2
Reading Inside 2

중3
리딩튜터 입문
정말 기특한 구문독해 완성
Reading Forward Advanced 1
열중 16강 독해+문법 3
Reading Inside 3

중3-예비고
Reading Expert 1
리딩튜터 기본
Reading Forward Advanced 2

고1
빠바 기초세우기
리딩튜터 실력
Reading Expert 2
TEPS BY STEP G+R Basic

고1-2
빠바 구문독해
리딩튜터 수능 PLUS
Reading Expert 3

고2-3, 수능 실전
빠바 유형독해
빠바 종합실전편
Reading Expert 4
TEPS BY STEP G+R 1

고3 이상, 수능 고난도
Reading Expert 5
능률 고급영문독해

수능 이상/ 토플 80-89 · 텝스 600-699점
ADVANCED Reading Expert 1
TEPS BY STEP G+R 2
RADIX TOEFL Blue Label Reading 1,2

수능 이상/ 토플 90-99 · 텝스 700-799점
ADVANCED Reading Expert 2
RADIX TOEFL Black Label Reading 1

수능 이상/ 토플 100 · 텝스 800점 이상
RADIX TOEFL Black Label Reading 2
TEPS BY STEP G+R 3

기초부터 내신까지 중학 독해 완성

1316 READING

정답 및 해설

LEVEL 3

NE 능률

기초부터 내신까지 중학 독해 완성

1316

1316 READING

정답 및 해설

SECTION 1

01 p.8

1 ③ **2** 볼펜의 잉크가 종이 위로 흐르게 하려면 중력이 필요하기 때문에

본문해석

우주 비행사들은 종이에 (글씨를) 써야 할 때 무엇을 할까? 우주 프로그램 초기에, 그들은 연필을 사용했다. 하지만 (연필심) 끝이 부러져서 우주선 곳곳을 위험하게 떠다녔다. 볼펜도 제 기능을 못 했다. 잉크가 종이 위로 흐르게 하려면 볼펜은 중력을 필요로 하기 때문이다. 1965년, Paul Fisher(폴 피셔)라는 한 남자가 (제대로) 기능하는 데 중력이 필요 없는 펜을 발명했다. 그것은 특수한 밀폐 용기에 잉크를 담아 두었다. 하지만 그 잉크는 가끔 새어 나왔다. 이 문제를 해결하기 위해 그는 잉크를 더 걸쭉하게 만들었다. 이것은 그 펜이 우주나 심지어 물속에서도 사용될 수 있게 했다. NASA가 그 펜을 사용하기 시작한 후에, Fisher는 그것에 Space Pen이라는 이름을 붙였다. 그것은 많은 우주에서의 임무에 사용되어 왔다. 이제 그것은 누구나 구입할 수 있다.

문제해설

1 연필심 끝이 부러져 우주선 곳곳을 위험하게 떠다녔으므로, 우주 비행사들이 연필 사용을 선호하지 않았을 것이며 Fisher가 발명한 특수 용기는 잉크가 가끔 샌다고 했다. 또한 Space Pen이라는 이름은 Fisher가 직접 지었으며, Space Pen은 누구나 구매할 수 있다고 했다.

2 4~5행 참고

구문해설

4행 That's because they need gravity **to** ***make*** *the ink flow* onto the paper.
- to make: '~하기 위해'라는 뜻으로 목적을 나타내는 to부정사의 부사적 용법
- make(사역동사) + 목적어 + 목적격보어(동사원형): ~가 …하게 하다

5행 In 1965, a man [**named** Paul Fisher] invented a pen [*that* didn't need gravity to work].
(a man: 주어, invented: 동사)
- named가 이끄는 [ ]는 a man을 꾸며 주는 과거분사구
- that 이하는 선행사 a pen을 꾸며 주는 주격 관계대명사절

8행 **To solve** this problem, he *made the ink thicker*.
- to solve: 목적을 나타내는 to부정사의 부사적 용법
- make + 목적어 + 목적격보어(형용사의 비교급): ~을 더 …하게 만들다

8행 This **allowed the pen to be** used in space or even underwater.
- allow + 목적어 + 목적격보어(to-v): ~가 …하게 하다[허락하다]

13행 It **has been used** on many space missions.
- has been used: 〈have[has] been v-ed〉 형태의 '계속'을 나타내는 현재완료 수동태

02 p.9

1 ④ **2** time

본문해석

뜻하지 않게 바닥에 떨어뜨린 음식을 먹어 본 적이 있는가? 어떤 사람들은 단지 입으로 불어서 그 음식을 깨끗하게 할 수 있다고 믿는다. 실제로, 소위 '5초의 법칙'에 따르면, 음식이 바닥에 5초 미만으로 떨어져 있었으면 먹어도 안전하다. 하지만 이것이 정말 사실일까? (이를) 알아내기 위해 한 과학자가 시간의 길이를 달리하여 더러운 바닥에 빵을 놓아 두었다. 그러고 나서 그는 박테리아가 있는지 빵을 살펴보았다. 그는 음식이 박테리아에 노출될 때, 시간은 중요한 요인이

아니라는 것을 발견했다. 이런 일이 일어난 순간, 음식은 먹기에 안전하지 않게 될 수 있다.

문제해설

1 ① 어떻게 음식을 신선하게 유지하는가 ② 식중독의 원인
③ 박테리아를 확인하는 특별한 방법 ④ 5초의 법칙: 속설인가 진실인가?
⑤ 요리에서의 5초의 법칙

▶ 음식이 바닥에 떨어진 지 5초 이내에 먹으면 안전하다는 '5초의 법칙'을 소개하고, 그것이 잘못되었음을 증명한 실험에 관한 내용이다.

2 한 과학자가 시간의 길이를 달리하여 실험을 했으며, 그 결과 '시간'이 음식의 안전성에 영향을 주는 요인이 아니라는 점을 밝혔다.

구문해설

1행 **Have you ever eaten** food [*that* you accidentally dropped on the floor]?
- Have + 주어 + v-ed …?: '경험'을 묻는 현재완료 의문문으로 부사 ever, before 등과 자주 쓰임
- that 이하는 선행사 food를 꾸며 주는 목적격 관계대명사절

3행 Some people believe **that** they can *make food clean* by just blowing on it.
- that: 동사 believe의 목적어절을 이끄는 접속사
- make + 목적어 + 목적격보어(형용사): ~을 …하게 만들다
- by + v-ing: ~함으로써

4행 In fact, **according to** the so-called "five-second rule," food is safe *to eat* if it has been on the floor for less than five seconds.
- according to: ~에 따르면[의하면]
- to eat: '~하기에'라는 뜻으로, 형용사(safe)를 꾸며 주는 to부정사의 부사적 용법
- has been: '계속'을 나타내는 현재완료(~해 왔다)

10행 **The moment this happens**, food can become unsafe to eat.
- the moment + 주어 + 동사: ~가 …하자마자

03 p.10

1 ③ **2** ② **3** 신체의 왼쪽과 인간의 감정을 통제한다. **4** left, emotional, attractive, right, easier

본문해석

다음번에 당신이 박물관에 있을 때, 초상화를 아주 주의 깊게 살펴보아라. 당신은 대부분의 초상화가 인물의 얼굴 왼쪽 면을 보여 주고 있다는 점을 알아차리게 될 것이다. 여기에는 몇 가지 이유가 있다. 첫째, 그것은 뇌가 사람의 외모에 어떻게 영향을 미치는지와 관련이 있다. 뇌의 오른쪽 부분은 신체의 왼쪽 부분을 통제한다. 그리고 인간의 감정은 뇌의 오른쪽 부분에 의해 통제된다. 따라서 얼굴의 왼쪽 면은 더 많은 감정을 보여 준다. 이러한 이유로, 사람들은 그들의 왼쪽 면이 보여질 때 더 나아 보인다. 또 다른 이유는 대부분의 화가들이 오른손잡이라는 것이다. 그것은 그들이 피사체의 왼쪽 면을 그리는 것을 더 쉽게 만든다. 따라서 만약 오른손잡이인 화가가 당신의 그림을 그린다면 반드시 당신 얼굴의 왼쪽 면을 보여 주도록 해라. 그렇게 하면 당신은 최고로 보일 것이다!

문제해설

1 For this reason 바로 앞에서 왼쪽 얼굴이 더 많은 감정을 보여 준다고 했다.

2 ① 그러나 ② 그러므로 ③ 예를 들어 ④ 그럼에도 불구하고 ⑤ 게다가

▶ 빈칸 앞에서 대부분의 화가가 오른손잡이여서 대상의 왼쪽 면을 그리기가 수월하다고 했고, 빈칸 뒤에서 오른손잡이 화가에게 얼굴의 왼쪽 면을 보이라고 했으므로 인과 관계를 나타내는 Therefore가 적절하다.

3 5~6행 참고

4 초상화는 흔히 우리의 왼쪽 면을 보여 준다. 한 가지 이유는 그것이 더 감정적으로 (풍부하게) 보여서 우리를 더 매력적으로 보이도록 만든다는 것이다. 또 다른 이유는 화가들이 대개 그들의 오른손으로 그림을 그린다는 것이다. 그래서 그들은 사람의 왼쪽을 그리는 것이 더 쉽다고 생각한다.

구문해설

1행 **The next time you are** at a museum, look at the portraits very carefully.
• The next time + 주어 + 동사: 다음에 ~가 …할 때

3행 First, it**'s connected with** *how* the brain influences the appearance of people.
• be connected with: ~와 관련이 있다
• how 이하는 〈의문사 + 주어 + 동사〉 어순의 간접의문문으로 전치사 with의 목적어로 쓰임

8행 Another reason is **that** most painters are right-handed.
• that: 보어 역할을 하는 명사절을 이끄는 접속사

9행 That makes it easier for them to draw the left side of a subject.
(it: 가목적어 / for them: to부정사의 의미상 주어 / to draw the left side of a subject: 진목적어)

04 p.12

1 ③ **2** ① **3** invest **4** 자신이 들인 시간, 돈, 노력을 잃고 싶지 않아서

본문해석

누구도 포기하는 것을 좋아하지 않는다. 우리는 그저 계속 노력하라고 반복해서 듣는다. 그러나 성공의 희망이 없을 때는 포기하는 것이 현명한 결정이 될 수 있다. 불행하게도, 사람들은 종종 이것을 이해하지 못한다. 그들은 그들의 프로젝트에 투자했던 모든 시간, 돈, 또는 노력을 잃고 싶어 하지 않는다. 그래서 그들은 훨씬 더 많이 투자한다! 이것은 매몰 비용의 오류로 알려져 있다. 그것은 때로 콩코드 오류로 불리기도 한다. 콩코드는 1960년대에 프랑스와 영국에 의해 만들어진 비행기이다. 비록 그 비행기는 빠르고 아름다웠지만, 비싸고 많은 문제점이 있었다. 그 프로젝트는 명백히 실수였다. 그러나 사람들은 (이미) 많은 돈을 투자해 왔다. 그래서 그들은 계속해서 더 많은 비행기를 만들었고 계속해서 더 많은 돈을 잃었다. 마침내, 그들은 그 프로젝트의 비효율성을 깨닫고 그것에 자금을 대는 것을 중단하기로 결정했다. 그들이 언제 그만둘지를 알았더라면 더 좋았을 것이다.

문제해설

1 주어진 문장은 사람들이 많은 돈을 투자해 왔다는 내용이므로, 이미 투자한 돈을 잃지 않기 위해 계속해서 비행기를 더 많이 만들고 계속 돈을 잃었다는 내용의 문장 앞인 ③에 오는 것이 자연스럽다.

2 ① 언제 그만둘지 ② 누구를 고용할지
③ 어디를 봐야 할지 ④ 무엇을 먼저 할지
⑤ 어떻게 비행기를 만들지
▶ 수익성이 낮은 프로젝트에 계속 투자를 해서 큰 손해를 입고 결국 투자를 중단했다는 글이므로 빈칸에는 '언제 그만둘지' 알았다면 좋았을 것이라는 내용이 자연스럽다.

3 미래의 이익을 위해 어떤 것에 돈, 시간 또는 에너지를 쓴다: 투자하다

4 4~5행 참고

구문해설

1행 We **are told** again and again to just *keep trying*.
• are told: 〈be동사 + v-ed〉 형태의 수동태
• keep + v-ing: 계속 ~하다

4행 They don't want to lose all of the time, money, or effort [(**that**) they ...].
- that 이하는 선행사 all of the time, money, or effort를 꾸며 주는 목적격 관계대명사절로, that이 생략됨

6행 This **is known as** the sunk-cost fallacy.
- be known as: ~으로 알려지다 (자격·신분) (*cf.* be known for: ~으로 알려져 있다, 유명하다 (원인))

10행 But people **had invested** lots of money.
- had invested: 〈had v-ed〉 형태의 '계속'을 나타내는 과거완료로, 사람들이 과거 이전부터 계속 콩코드 여객기에 투자를 해왔음을 나타냄

13행 **It would have been** better **if they had known** *when to quit*.
- 과거 사실에 반대되는 일을 가정하는 가정법 과거완료가 쓰인 문장으로, 〈주어 + 조동사의 과거형 + have v-ed ..., if + 주어 + had v-ed ~〉 형태이며 '만약 ~했다면 …했을 텐데'라는 의미를 나타냄
- when to-v: '언제 ~해야 할지'라는 뜻으로 〈의문사 + to-v〉 형태인 to부정사의 명사적 용법

REVIEW TEST p.14

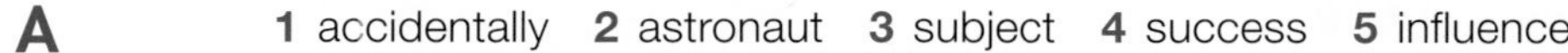

A **1** accidentally **2** astronaut **3** subject **4** success **5** influence

1 뜻하지 않게, 우연히: 의도되지 않은 방식으로 **2** 우주 비행사: 우주에서 여행하고 일하는 누군가
3 대상: 예술 작품에 보여지는 어떤 사람이나 무언가 **4** 성공: 하려고 계획했던 것의 성취
5 영향을 끼치다: 어떤 사람이나 무언가에 영향을 미치다

B **1** ① **2** ④ **3** ①

1 그 재킷은 어디에서 구입했어? **2** 그녀는 선생님이 무슨 말을 하시는지 분명하게 알지 못했다.
3 나는 테이블 위에 내 스마트폰을 두었다.

C **1** is known as **2** make sure to **3** leaked out

SECTION 2

01 p.18

1 ⑤ **2** the Dancing House의 모양이 여자와 남자가 함께 춤추는 모습과 닮아서 두 댄서의 이름을 따서 불렀다.

본문해석

춤추는 빌딩을 상상할 수 있는가? 이상하게 들리지만, 프라하에는 'the Dancing House(춤추는 집)'라고 불리는 건물이 있다. 이것은 건축가인 Vlado Milunić(블라도 밀루니치)와 Frank Gehry(프랭크 게리)에 의해 설계되었고 1996

년에 완공되었다. 이 건물의 특이한 모양은 치마를 입은 여성과 남성이 함께 춤추는 모습을 닮았다. 사실, 그 건물은 처음에 두 유명한 댄서의 이름을 따서 Ginger and Fred라고 이름 붙었다. 유리로 된 쪽은 Ginger Rogers(진저 로저스)를, 돌로 된 쪽은 Fred Astaire(프레드 아스테어)를 나타낸다. 세월이 흐르면서 the Dancing House는 프라하의 명소가 되었다. 그것의 외형은 심지어 체코 동전에 특별히 포함되어 있다!

문제해설

1 the Dancing House는 체코의 지폐가 아니라 동전에 새겨져 있다고 했다.
2 4~6행 참고

구문해설

1행 Can you imagine a building [**that** dances]?
- that 이하는 선행사 a building을 꾸며 주는 주격 관계대명사절

1행 It **sounds strange**, but there is a building [*called* the Dancing House] in Prague.
- sound + 형용사: ~하게 들리다
- called가 이끄는 [ ]는 a building을 꾸며 주는 과거분사구

4행 The building's unusual shape resembles a woman **in a skirt** and a man [*dancing* together].
- in a skirt: 치마를 입은
- dancing 이하는 a woman in a skirt and a man을 꾸며 주는 현재분사구

6행 The glass side represents Ginger Rogers, and the rock **one** ....
- one: 앞에 나온 side를 대신하는 대명사

02 p.19

1 ③ **2** 물갈퀴가 달린 발을 가지고 있고, 알을 낳는다.

본문해석

George Shaw(조지 쇼)는 영국 자연사 박물관에서 일하는 동물학자였다. 1799년에 그는 호주에서 이상한 동물 표본을 받았다. 그것은 오리의 것과 같은 부리, 비버의 것과 같은 꼬리, 그리고 수달의 것과 같은 발을 가졌다. 처음에 그는 그것이 장난이라고 생각했다. 하지만 그가 더 많은 견본을 받으면서 그는 그것이 오리너구리라는 진짜 동물이라는 것을 깨닫기 시작했다. 오리너구리는 포유류의 고유한 특징을 몇 가지 가지고 있다. 그것은 털이 있고 새끼에게 모유를 먹인다. 하지만 그것은 새나 파충류처럼 물갈퀴가 달린 발을 가지고 있고 알을 낳는다. 또한 수컷은 강력한 독을 만들어 낸다. 이러한 이유로, Shaw는 그것을 알을 낳는 특별한 종류의 포유류로 분류했다. 오늘날에도 과학자들은 오리너구리를 계속 연구하고 있다. 그들은 그것이 어떻게 포유류가 파충류로부터 진화했는지에 대한 단서를 제공할 수 있다고 믿는다.

문제해설

1 오리너구리는 새끼를 낳지 않고 알을 낳는다고 했다.
2 7~8행 참고

구문해설

3행 It had a bill like **a duck's** (**bill**), a tail like **a beaver's** (**tail**), and feet like **an otter's** (**feet**).
- a duck's, a beaver's, an otter's는 소유격으로, 반복을 피하기 위해 각각 뒤에 bill, tail, feet이 생략됨

4행 But **as** he received more samples, he *began to realize* (that) it was a real animal ....
- as: '~함에 따라, ~할수록'이란 뜻의 접속사
- begin + to-v[v-ing]: ~하기 시작하다
- realize의 목적어절을 이끄는 접속사 that 생략

9행 For these reasons, Shaw **classified** it **as** a special kind of mammal [*that* lays eggs].

• classify A as B: A를 B로 분류하다

• that 이하는 선행사 a special kind of mammal을 꾸며 주는 주격 관계대명사절

11행 They believe it can provide clues [**about** *how* mammals evolved from reptiles].

• about 이하는 명사 clues를 꾸며 주는 전치사구

• how 이하는 〈의문사 + 주어 + 동사〉 어순의 간접의문문으로, 전치사 about의 목적어로 쓰임

03 p.20

1 ③ **2** ② **3** ② **4** view

본문해석

이 두 지도를 보아라. 첫 번째 것은 아마도 익숙해 보이지만, 두 번째 것은 낯설게 보일 것이다. 전 세계 대부분의 학교와 기관들이 첫 번째 지도를 사용한다. 그러나 보스턴의 공립 학교들은 이제 두 번째 지도를 사용한다. 그들은 왜 (지도를) 바꿨을까? 사실 둘 중 어느 지도도 완전히 정확하지 않다. 첫 번째 지도에서, 대륙들의 모양은 정확하다. 그러나 대륙들의 크기는 그렇지 않은데, 유럽은 (실제보다) 더 크고 다른 대륙들은 더 작다. 게다가, 유럽이 지도의 중앙에 있다. 이는 그 지도가 거의 500년 전에 만들어졌고, 그 당시 유럽은 아주 강력했기 때문이다. 그러나 두 번째 지도는 1800년대 후반에 만들어졌다. 비록 대륙들의 모양이 정확하지 않지만, 그 크기는 정확하다. 그리고 유럽이 더 이상 중앙에 있지 않다. 보스턴의 공립 학교 교사들은 이 지도가 학생들에게 세계에 대한 새로운 시각을 제공한다고 믿는다.

문제해설

1 ① 무엇이 지도의 모양을 결정하는가 ② 왜 유럽은 지도의 중심에 있는가
③ 왜 보스턴의 학교들은 다른 지도를 사용하는가 ④ 어떻게 학생들이 그들의 세계관을 확립하는가
⑤ 어떻게 공립 학교가 교육용 지도를 고르는가
▶ 학생들에게 세계에 대한 새로운 시각을 제시하기 위해 보스턴의 공립 학교들이 전 세계 대부분의 학교와 기관들이 사용하는 지도와는 다른 지도를 사용한다는 내용의 글이다.

2 주어진 문장은 유럽을 포함한 다른 대륙의 크기가 정확하지 않다는 내용이며, 역접의 접속사 but으로 문장이 시작되고 있으므로, 대륙의 모양이 정확하다는 문장 다음인 ②에 오는 것이 자연스럽다.

3 11~13행 참고

4 무언가에 관해 생각하는 방식: 시각, 관점

구문해설

1행 The first **one** probably *looks familiar*, but the second **one** might *look strange*.

• one: 앞에 나온 map을 대신하는 대명사

• look + 형용사: ~하게 보이다

5행 Actually, **neither** map is completely accurate.

• neither: (둘 중) 어느 것도 ~ 아닌 (부정 의미)

11행 And Europe is **no longer** in the center.

• no longer ~: 더 이상 ~ 아닌 (부정 의미)

11행 Teachers ... believe this map offers(수여동사) their students(간접목적어) a new view of the world(직접목적어).

04 p.22

1 ② **2** ④ **3** ③ **4** African, Japanese, samurai, fought, disappeared

본문해석

16세기 일본에서는 몇몇 지도자들이 가장 강력한 자가 되기 위해 싸우고 있었다. 그중 한 명이 Oda Nobunaga(오다 노부나가)였다. 그의 목표는 일본을 통일하는 것이었다. 어느 날, Nobunaga는 Yasuke(야스케)라는 남자를 만났다. 그는 두 가지 이유에서 눈에 띄었다. 첫 번째는 그의 키였는데, 그는 그 당시 대부분의 일본 남자들보다 30센티미터나 더 컸다. 두 번째는 그의 어두운 피부였다. Yasuke는 아프리카인이었지만, 그 당시에 아프리카에서 온 사람을 만나 본 일본인은 거의 없었다. 그래서 Nobunaga는 그의 피부에 색이 칠해져 있었다고 여겼다. 그는 Yasuke에게 그의 피부에서 물감을 문질러 닦으라고 요청했다. 하지만 그것은 정말 그의 타고난 색이었다. Nobunaga는 Yasuke에게 깊은 인상을 받았다. 그는 Yasuke를 자신의 개인 호위무사로 삼았고, 최초의 외국인 사무라이라는 칭호를 주었다. (B) Yasuke는 Nobunaga가 일본을 통일하는 것을 돕기 위해 많은 전투에서 싸웠다. (A) 하지만 Nobunaga는 결국 그의 경쟁자들에게 살해당했다. (C) Nobunaga가 죽은 후, Yasuke는 사라졌다. 아무도 그에게 무슨 일이 일어났는지 모른다.

Yasuke는 외국에서 편견을 극복했고, 그의 이야기는 우리에게 사람들은 외모나 배경으로 판단되어서는 안 된다는 것을 상기시킨다.

문제해설

1 Nobunaga는 Yasuke의 피부에 색이 칠해져 있었다고 생각해서 그에게 물감을 닦으라고 했으므로, 그가 외국인인 줄 몰랐다.

2 ⓐ, ⓑ, ⓒ, ⓔ는 Yasuke를 가리키고, ⓓ는 Nobunaga를 가리킨다.

3 Nobunaga가 Yasuke를 개인 호위무사로 삼고 최초의 외국인 사무라이라는 칭호를 주었다는 내용 다음에, Yasuke가 Nobunaga를 돕기 위해 전투에서 싸웠다는 (B)가 온 후, Nobunaga가 결국 살해당했다는 (A)가 오고, 이어서 Nobunaga가 죽은 뒤 Yasuke가 사라졌다는 (C)가 오는 것이 자연스럽다.

4

Yasuke는 아프리카인이었고 그는 대부분의 일본인보다 키가 훨씬 더 컸다.

▼

그는 Nobunaga에게 깊은 인상을 주었고 최초의 외국인 사무라이가 되었다.

▼

Nobunaga의 호위무사로 그는 많은 전투에서 싸웠다.

▼

Nobunaga의 죽음 후 그는 흔적도 없이 사라졌다.

구문해설

2행 His goal was **to unite** Japan.
- to unite: 보어 역할을 하는 to부정사의 명사적 용법

6행 Yasuke was African, but in those days, **few Japanese** people *had met* anyone from Africa.
- few + 셀 수 있는 명사: (수가) 거의 없는 (부정 의미)
- had met: '경험'을 나타내는 과거완료

8행 He **asked him to scrub** the paint off his skin.
- ask + 목적어 + 목적격보어(to-v): ~가 …하도록 요청하다

10행 He ┌ ***made*** **him his personal bodyguard**
and
└ *gave* him the title of the first foreign samurai.
(gave: 수여동사, him: 간접목적어, the title of the first foreign samurai: 직접목적어)
- make + 목적어 + 목적격보어(명사): ~을 …으로 만들다
- 동사 made와 gave는 and로 연결된 병렬 관계

14행 Nobody knows **what** happened to him.
- what 이하는 동사 knows의 목적어로 쓰인 간접의문문으로, what이 의문사와 주어의 역할을 동시에 함

17행 ... his story **reminds us that** people should not be judged *based on* their appearance or background.

- remind + 목적어 + that ...: '~에게 …을 상기시키다'의 의미로, 이때 that은 명사절을 이끄는 접속사
- based on: ~에 근거하여

REVIEW TEST

p.24

A 1 unusual 2 imagine 3 feed 4 clue 5 familiar

1 특이한, 흔치 않은: 흔하거나 전형적이거나, 다른 것들과 같지 않은
2 상상하다: 마음속에 어떤 것에 대한 생각이나 이미지를 만들다
3 먹이를 주다: 누군가나 어떤 것에게 음식을 주다
4 단서: 수수께끼에 대한 답을 알아내는 데 사용되는 정보의 일부분
5 익숙한: 흔히 또는 자주 알려져 있거나, 보이거나, 경험이 있는

B 1 ② 2 ⑤ 3 ③

1 이 앱을 내려받는 데 거의 30분이 걸렸다. 2 그의 계산은 항상 정확하다.
3 그는 그 일을 성공적으로 마쳤다.

C 1 stood out 2 scrubbing[to scrub] off 3 no longer

SECTION 3

01 p.28

1 ④ 2 brave enough to keep your eyes open

본문해석

당신이 놀이공원에서 가장 좋아하는 놀이기구는 무엇인가? 많은 사람들이 "롤러코스터예요!"라고 대답할 것이다. 거의 모든 사람들이 롤러코스터가 신나면서도 무섭다는 것에 동의한다. 왜 그런 것일까? 보통 중력은 신체 부위들을 균등하게 끌어당긴다. 하지만 당신이 갑자기 떨어질 때, 중력은 각 부위에 다르게 작용한다. 이것은 비록 당신이 안전벨트로 고정되어 있지만, 내부 장기들은 그렇지 않기 때문이다. 그 결과, 당신의 내부 장기들은 각각 따로 떨어지게 된다. 이것이 당신 복부에 그런 재미있게 가라앉는 느낌을 주는 것이다. 그래도 사람들은 머리카락이 바람에 휘날려 거꾸로 뒤집힌 채로 롤러코스터 타는 것을 매우 좋아한다. 만약 당신이 눈을 계속 뜨고 있을 만큼 충분히 용감하다면, 그것은 훨씬 더 신날 수 있다!

문제해설

1 롤러코스터를 탈 때 흥분을 느끼는 이유는 신체 부위에 다르게 작용하는 중력 때문임을 설명하는 글이다.
2 형용사 + enough to-v: ~할 정도로 충분히 …한 / keep + 목적어 + 목적격보어(형용사): ~을 …한 상태로 유지하다

구문해설

5행 This is because, **even though** you are secured by a seat belt, the inner parts of your body *aren't (secured by a seat belt)*.

• even though: '비록 ~이지만'이라는 뜻의 양보를 나타내는 접속사

• aren't 뒤에는 앞에 나온 말의 반복을 피하기 위해 secured by a seat belt가 생략됨

8행 This is **what** gives you that funny *sinking* feeling in your belly.
(gives: 수여동사, you: 간접목적어, that funny sinking feeling in your belly: 직접목적어)

• what : '~하는 것'이라는 뜻으로, 선행사를 포함하는 관계대명사

• sinking: 명사 feeling을 꾸며 주는 현재분사

9행 Still, people **love riding** upside down on a rollercoaster *with their hair blowing* in the wind.

• love + v-ing[to-v]: ~하는 것을 매우 좋아하다

• with + 목적어 + v-ing: '~가 …한 채로'의 의미로, '동시상황'을 나타내는 분사구문

11행 …, it can be **even** more thrilling!

• even: '훨씬'의 의미로 비교급(more thrilling)을 강조하는 부사

02 p.29

1 ④ **2** 펭귄이 몸의 열을 내보내고 시원하게 지내도록 돕기 위해

본문해석

많은 종류의 펭귄이 추운 곳에 산다. 하지만 Humboldt(훔볼트) 펭귄은 페루와 칠레의 해안에 사는데, 그곳은 매우 덥고 습한 곳이다! Humboldt 펭귄은 Humboldt 해류의 이름을 따왔다. 그것은 남아메리카의 태평양 해안을 따라 흐르는 차가운 해류이다. 그 펭귄은 먹이를 사냥하고 더운 날씨를 피하기 위해 이 해류에서 헤엄을 친다. 그들은 헤엄을 매우 잘 치는데 시간당 30마일까지 헤엄칠 수 있다! 그들이 헤엄치지 않을 때, 더위에 대처하는 또 다른 방법이 있다. Humboldt 펭귄은 눈가와 부리 주변에 분홍빛의 깃털이 없는 부위를 지니고 있다. 이 부위는 펭귄이 몸의 열을 내보내고 시원하게 지내도록 도와준다!

문제해설

1 시간당 30마일까지 헤엄칠 수 있다고 했다.

2 10~11행 참고

구문해설

1행 But Humboldt penguins live on the coasts of Peru and Chile**, which** are very hot and humid places!

• which 이하는 선행사 the coasts of Peru and Chile를 부연 설명하는 계속적 용법의 관계대명사절

3행 Humboldt penguins **are named after** the Humboldt Current.

• A be named after B: 'B를 따서 A의 이름을 짓다'라는 의미로 name A after B의 수동형

4행 It is a cold sea current [**that** runs along the Pacific coast of South America].

• that 이하는 선행사 a cold sea current를 꾸며 주는 주격 관계대명사절

7행 When they are not swimming, they have another way [**to handle** the heat].

• to handle 이하는 another way를 꾸며 주는 to부정사의 형용사적 용법

10행 These areas **help the penguins** ***release*** body heat / and / ***stay*** cool!

• help + 목적어 + 목적격보어(동사원형[to-v]): ~가 …하는 것을 돕다

• 동사원형 release와 stay는 and로 연결된 병렬 관계
• stay + 형용사: ~한 상태로 있다

03 p.30

1 ④ **2** ③ **3** ④
4 Richards가 어떻게 아버지, 변호사, 작가로서의 역할을 동시에 해냈는지를 보여 주었다.

본문해석

14년 동안 Lloyd Devereux Richards(로이드 데브뢰 리처즈)는 그의 첫 번째 책인 〈Stone Maidens〉를 쓰느라 밤늦게까지 깨어 있었다. 그는 낮에는 변호사로 일했고 퇴근 후에는 세 아이를 돌보았다. 2012년에 마침내 그 책이 출판되기 전에 80개의 출판사가 그 책을 거절했다. 불행하게도 처음에 그의 책은 많은 주목을 받지 못했다. 하지만 10년 뒤, 모든 것이 하룻밤 사이에 바뀌었다. 그의 딸이 틱톡에 책을 홍보하는 동영상을 게시했다. (틱톡은 세계에서 가장 인기 있는 소셜 미디어 앱 중 하나이다.) 그 동영상은 그가 어떻게 아버지, 변호사 그리고 작가의 역할을 동시에 수행했는지 보여 주었다. 그것은 빠르게 입소문이 났고 5천만이 넘는 조회수를 얻었다! 그의 책은 아마존에서 베스트셀러가 되었다. 소셜 미디어의 힘 덕분에, 그의 노력은 마침내 보상받았다.

문제해설

1 ① Lloyd Devereux Richards: 틱톡 슈퍼스타 ② 소셜 미디어에서 유명해지는 방법
③ 아빠의 두 얼굴: 변호사와 작가 ④ 딸이 아버지의 책에 새 생명을 주다
⑤ 모두가 읽어야 할 아마존의 베스트셀러들
▶ 인기가 없었던 아버지의 책을 홍보하기 위해 그의 딸이 틱톡에 동영상을 올렸고, 이것이 유명해지면서 아버지의 책이 단숨에 베스트셀러가 되었다는 내용의 글이다.
2 처음에는 그의 책이 많은 주목을 받지 못했다고 했다.
3 틱톡의 인기에 대한 내용은 Richards의 책이 베스트셀러가 된 과정과는 관계가 없다.
4 8~10행 참고

구문해설

1행 **For 14 years**, Lloyd Devereux Richards *stayed up late writing* his first book, *Stone Maidens*.
• for + (숫자를 포함한) 기간: ~ 동안에
• stay up late v-ing: ~하느라 늦게까지 깨어 있다
• his first book과 *Stone Maidens*는 동격 관계

2행 He worked **as** a lawyer *during* the day and took care of his three kids after work.
• as: '~로(서)'라는 뜻의 전치사
• during + (어떤 일이 일어난) 특정 기간: ~ 동안에

3행 Eighty publishers **turned the book down** before it *was* finally *published* in 2012.
• turned the book down: 〈타동사 + 부사〉인 동사구가 명사를 목적어로 취할 때, 명사는 부사 앞뒤에 모두 올 수 있음 (= turned down the book)
• was published: 〈be동사 + v-ed〉 형태의 수동태

7행 TikTok is **one of the** world's **most popular social media apps**.
• one of the + 최상급 + 복수명사: 가장 ~한 … 중 하나

8행 The video showed **how** he performed his roles of father, lawyer, and writer at the same time.
• how 이하는 〈의문사 + 주어 + 동사〉 어순의 간접의문문으로 동사 showed의 목적어로 쓰임

04 p.32

1 ④ **2** ⑤ **3** refuse **4** baseball, free, canceled, agree, future

본문해석

당신의 친구가 당신에게 저녁을 먹자고 한다고 상상해 봐라. 하지만 당신은 이미 저녁에 계획이 있다. 당신은 어떻게 다른 날에 저녁을 먹자고 제안할 수 있을까? 어떤 사람들은 "I'll take a rain check. (다음을 기약할게.)"라고 말할 것이다. 이것은 지금은 그 제안을 받아들일 수 없지만, 미래에는 받아들일 것임을 의미한다. 하지만 왜 'rain check'가 누군가의 초대를 거절하는 데 사용되는가? 그 어구는 미국 야구에서 나온 것이다. 사람들은 흔히 경기를 보려고 티켓을 산다. 대부분의 야구 경기는 실외에서 진행되어서 폭우 때문에 취소되거나 지연될 수 있다. 과거에 이런 일이 발생했을 때 팀은 표 소지자들에게 우천 교환권(rain check)을 주었다. 그것은 미래 경기에 대한 무료 입장권이었고 입장권에는 'rain check'라고 인쇄되어 있었다. 이 입장권 덕분에 표 소지자들은 자신의 시간이나 돈을 낭비했다고 느끼지 않았다. 따라서 일상생활에서 'rain check'라는 어구는 미래 행사에 대한 입장권처럼 사용된다. 누군가가 "I'll take a rain check."라고 말할 때, 그들은 비가 오는지 확인하고 있는 게 아니다. 대신에 그들은 초대를 거절하면서 나중에 그것을 받아들이기로 약속하고 있는 것이다.

문제해설

1 ① 야구 경기의 역사
② 야구 경기에서 비를 피하는 방법
③ 어떻게 친구의 초대를 거절하는가
④ 어디에서 'Take a Rain Check'이라는 표현이 왔는가
⑤ 비가 야구 경기에 미치는 부정적인 영향
▶ 약속을 미룰 때 사용하는 표현인 'Take a rain check'의 유래를 설명하는 글이다.

2 ① 즉시 제안을 거절하고 있는 것
② 자신들의 의견을 강하게 표현하고 있는 것
③ 다른 사람들에게 경기를 볼 수 있는 또 다른 기회를 주고 있는 것
④ 나중에 잊어버릴 제안을 받아들이고 있는 것
⑤ 초대를 거절하면서 나중에 그것을 받아들이기로 약속하고 있는 것
▶ 폭우로 야구 경기가 취소되거나 지연될 때 표 소지자들은 우천 교환권(rain check)을 받았는데, 그것은 앞으로 있을 경기에 대한 무료 입장권이라고 했으므로, 'I'll take a rain check.'이라는 표현은 '지금은 초대를 거절하지만 나중에 그것을 받아들일 것임'을 의미한다.

3 어떤 것을 받아들이지 않거나 하지 않을 것이라고 말하거나 보여 주다: 거절하다

4 'rain check'라는 어구는 야구에서 나온 것이다. 그것은 경기가 우천으로 취소될 때 관중에게 주어지는 무료 입장권을 나타낸다. 사람들은 지금은 제안에 동의할 수 없지만 미래에 그렇게 할 때 그 용어를 사용한다.

구문해설

1행 Imagine that your friend **asks you to have** dinner.
• ask + 목적어 + 목적격보어(to-v): ~가 …하도록[하라고] 요청하다

2행 How can you offer **to have** dinner on a different day?
• to have: 동사 offer의 목적어로 쓰인 to부정사의 명사적 용법

5행 But why **is** *rain check* **used to refuse** someone's invitation?
• be used to-v: ~하는 데[하기 위해] 사용되다 (*cf.* be used to v-ing: ~하는 데 익숙하다)

8행 Most baseball games are played outside, so they **can be** ┌ ***canceled*** / or / └ ***delayed*** because of heavy rain.
• can be canceled: 〈조동사 + be v-ed〉 형태의 조동사가 쓰인 수동태

• canceled와 delayed는 or로 연결된 병렬 관계

14행 When someone says, "I'll take a rain check," **they** aren't checking the rain.
• they는 someone을 가리키는 대명사로, 이때 someone은 일반 대중을 의미하여 대명사 they를 사용

REVIEW TEST

p.34

A 1 delay 2 scary 3 publish 4 unfortunately 5 escape

1 미루다, 지연시키다: 무언가를 계획된 것보다 늦게 하다
2 무서운: 누군가를 겁먹게 하는
3 출판하다: 책, 잡지 등을 만들어 대중에게 판매하다
4 불행하게도, 유감스럽게도: 어떤 것이 슬프거나 실망스럽다고 말하기 위해 사용되는
5 피하다: 불편하거나 불쾌한 장소나 상황을 떠나다

B 1 ② 2 ② 3 ③

1 한국은 여름에 습하다.
2 나는 그 일자리 제안을 받아들이지 않을 것이다.
3 그는 그 테이블을 자기 쪽으로 끌어당겼다.

C 1 turned down 2 took care of 3 is likely to

SECTION 4

01 p.38 1 ⑤ 2 밀렵꾼을 잡기 위해 박제된 사슴을 이용해 로봇을 만들어 달라는 것

본문해석

Brian Wolslegel(브라이언 월스리걸)은 흥미로운 직업을 갖고 있다. 그는 사냥꾼들에 의해 죽은 동물들을 박제로 만들어서 전시될 수 있도록 한다. 어느 날 그는 흥미로운 요청을 받았다. 경찰이 불법으로 사냥하는 사람들을 잡기 위해 박제된 사슴을 이용하고 싶어 했다. 그런데 경찰은 박제된 사슴이 움직이길 원했다. 그래서 그들은 Wolslegel에게 로봇 사슴을 만들어 달라고 부탁했다. 그는 (그 요청에) 승낙했고, 그것은 대성공이었다! 그때부터 그는 여러 다른 로봇 동물들을 만들어 왔다. 그 동물들의 귀와 꼬리, 다리는 원격으로 조종될 수 있다. 이것은 밀렵꾼들이 로봇 동물을 진짜라고 생각하게 만든다. 그들이 그 로봇 동물들에게 총을 쏘면, 근처에 숨어있는 경찰들이 그들을 체포할 수 있다. 지금까지 Wolslegel의 로봇 동물 덕분에 200명이 넘는 밀렵꾼들이 검거되어 왔다.

문제해설

1 ① 사냥꾼에게 영향을 미치는 새로운 법안 ② 동물 박제하기: 보기 드문 직업

③ 과학 기술은 사람들이 사냥하는 것을 도울 수 있다 ④ 로봇은 사람보다 더 나은 사냥꾼이다
⑤ 로봇 동물로 범죄자 잡기
▶ 로봇 동물을 이용해서 밀렵꾼을 잡는다는 내용의 글이다.

2 3~5행 참고

구문해설

1행 He stuffs animals [**killed** by hunters] *so (that) they can* be displayed.
- killed가 이끄는 [ ]는 animals를 꾸며 주는 과거분사구
- so that + 주어 + can: ~가 …할 수 있도록
- can be displayed: 〈조동사 + be v-ed〉 형태의 조동사가 쓰인 수동태

3행 The police wanted to use a stuffed deer **to catch** people [*who* were hunting illegally].
- to catch: '~하기 위해'라는 의미의 목적을 나타내는 to부정사의 부사적 용법
- who 이하는 선행사 people을 꾸며 주는 주격 관계대명사절
- were hunting: 〈be동사의 과거형 + v-ing〉 형태의 과거진행형(~하고 있었다)

8행 If they shoot at the robotic animals, police officers [**hiding** nearby] can arrest them.
- hiding이 이끄는 [ ]는 police officers를 꾸며 주는 현재분사구

10행 ..., more than 200 illegal hunters **have been caught** thanks to Wolslegel's robotic animals.
- have been caught: 〈have been v-ed〉 형태의 현재완료형 수동태로 과거부터 현재까지 밀렵꾼들이 계속 해서 검거되어 왔음을 나타냄

02 p.39

1 ① **2** 포도가 알코올로 분해된 냄새를 맡고 지하실에 있는 악한 영혼들이 왕을 독살하려 한다고 믿었기 때문에

본문해석

언제부터 사람들이 포도주를 마시기 시작했을까? 어떤 사람들은 고대로 거슬러 올라간다고 말한다. 한 페르시아 왕은 포도를 매우 좋아했다. 그래서 그는 하인들에게 포도를 수확해서 그것들을 지하실에 저장하도록 했다. 그런데 그 포도들은 알코올성의 액체로 분해되었고, 지하실에서 냄새가 올라왔다. 사람들은 과일이 알코올로 변하는 과정에 대해 알지 못했다. 그래서 그들은 지하실에 있는 악한 영혼들이 왕을 독살하려 한다고 믿었다. 마침내 하인들은 지하실을 폐쇄해 버렸다. 그 즈음에 페르시아 여왕은 만성적인 두통이 있었다. 그녀는 고통을 참을 수 없었고, 목숨을 끊기 위해 지하실에 있는 '독'을 먹기로 결심했다. 그러나 그 포도를 먹은 후에, 그녀는 죽지 않았다. 그 대신에 그녀는 힘을 되찾았고, 기분이 좋아졌다. 왕비는 그녀가 먹은 것이 좋은 것이라는 결론을 내렸고 그 소식을 (널리) 퍼트렸다.

문제해설

1 ① 포도주의 유래 ② 포도주를 만드는 과정
③ 페르시아 왕의 보물 ④ 왕족이 가장 좋아하는 과일
⑤ 와인을 지하실에 보관하는 이유
▶ 포도주가 처음에 어떻게 만들어지게 됐는지에 대해 설명하는 글이다.

2 4~7행 참고

구문해설

2행 So he **had his servants *harvest*** grapes and ***store*** them in a basement.
- have(사역동사) + 목적어 + 목적격보어(동사원형) : ~가 …하도록 시키다
- 동사원형 harvest와 store는 and로 연결된 병렬 관계

5행 People didn't know about the process [**that** *turns* fruit *into* alcohol].

• that 이하는 선행사 the process를 꾸며 주는 주격 관계대명사절
• turn A into B: A를 B로 바꾸다

9행 … and **decided to take** the "poison" in the basement *to kill* herself.
• decide + to-v: ~하기로 결심하다
• to kill : 목적을 나타내는 to부정사의 부사적 용법
• kill oneself: 스스로 목숨을 끊다

12행 The queen concluded [**that** *what* she ate was a good thing] and spread the news.
• that: 동사 concluded의 목적어절인 [ ]을 이끄는 접속사
• what: '~하는 것'이란 뜻으로, 선행사를 포함하는 관계대명사 (= the thing which[that])

03 p.40

1 ② **2** ① **3** barrier
4 프랑스와 벨기에 사이의 울창한 숲이 자연적인 장벽 역할을 할 것이라고 생각했기 때문에

본문해석

마지노선은 1930년대 동안 프랑스와 독일의 국경을 따라 지어졌다. 그것의 목적은 독일의 공격으로부터 프랑스를 보호하는 것이었다. 그것은 프랑스 군대의 지도자 André Maginot(앙드레 마지노)의 이름을 따왔다. 그 방어선은 건설하기에 비쌌다. 그것은 요새, 지하실, 그리고 대포를 포함했다. 그것에는 심지어 군인들을 주변으로 이동시키기 위한 지하 열차도 있었다. 콘크리트와 5,500만 톤의 강철로 만들어졌기 때문에 독일은 그 방어선을 파괴할 수 없을 것 같았다. 그러나 결국, 마지노선은 실패였다. 그 방어선은 독일과의 국경에는 강화되었지만, 벨기에와의 국경에는 그렇지 않았다. 프랑스 정부는 프랑스와 벨기에 사이의 울창한 숲이 자연적인 장벽 역할을 할 것이라고 믿었다. 하지만 제2차 세계 대전 동안 독일군은 벨기에를 침략하여 숲을 가로질러 행군하였고, 그다음에 프랑스를 침략했다. 그들은 마지노선을 간단히 피해서, 마지노선은 전혀 도움이 되지 않았다. 오늘날 '마지노선'이라는 어구는 거짓된 안도감을 주는 무언가를 묘사하는 데 사용된다.

문제해설

1 마지노선은 프랑스 군대의 지도자 André Maginot의 이름을 땄고, 독일의 공격에 대비하기 위한 방어선이라고 했으며, 군인들을 이동시키는 지하 열차가 있다고 했다. 또한 독일은 먼저 벨기에로 쳐들어간 후 마지노선을 피해 프랑스를 침략했으므로 글을 바르게 이해한 학생은 현영과 윤아이다.

2 ① 파괴하다 – 실패 ② 파괴하다 – 성공
③ 바꾸다 – 성공 ④ 짓다 – 성공
⑤ 짓다 – 실패
(A) 마지노선이 콘크리트와 5,500만 톤의 강철로 지어졌기 때문에 독일이 파괴할 수 없는 것처럼 보였다고 하는 것이 자연스러우므로, destroy가 적절하다.
(B) 독일이 마지노선이 보강되지 않은 벨기에를 먼저 침략하고, 벨기에를 통해 프랑스를 침공하여 마지노선이 실패했으므로, 빈칸에는 failure가 적절하다.

3 사람들이 지나갈 수 없게 막는 울타리와 같은 장애물: 장벽

4 프랑스 정부는 왜 벨기에와의 국경선을 보강하지 않았는가?

▶ 10~12행 참고

구문해설

2행 Its purpose was **to protect** France from German attacks.
• to protect: 보어 역할을 하는 to부정사의 명사적 용법

3행 It was named after **a leader of the French army**, **André Maginot**.

• a leader of the French army와 André Maginot은 동격 관계

4행 The line was expensive **to build**.
• to build: '~하기에'라는 뜻의 형용사(expensive)를 꾸며 주는 to부정사의 부사적 용법

9행 It was strengthened on the border with Germany, but **not** on the *one* with Belgium.
• not: the line was not strengthened를 나타내며, 반복을 피하기 위해 not만 사용됨
• one: 앞에 나온 border를 대신하는 대명사

15행 Today, the phrase "Maginot Line" **is used to describe** something ....
• be used to-v: ~하는 데[하기 위해] 사용되다 (*cf.* be used to v-ing: ~하는 데 익숙하다)

04 p.42

1 ④ **2** ① **3** 영양이 빠른 치타에 맞서 매우 빨리 달리는 것과 방향을 재빠르게 전환하는 것을 배웠기 때문에
4 compete, adapt, disappear

본문해석

"전 달리고 있는데도 왜 앞으로 나아갈 수 없는 걸까요?"라고 Alice(앨리스)가 물었다. "앞으로 나아가기 위해서는 지금보다 두 배 더 빨리 달려야 해."라고 붉은 여왕이 대답했다. 사실, 세상과 Alice는 같은 속도로 움직이고 있었다.

우리의 세상은 Alice의 '이상한 나라'의 세상과 비슷하다. 이렇게 생각하여 미국의 생물학자 Leigh Van Valen(리 반 베일런)은 붉은 여왕 효과라고 불리는 개념을 제시했다. 그의 개념은 동식물 종은 살아남기 위해 끊임없이 진화해야 한다는 것이다. 이는 그들이 서로 경쟁하기 때문이다. 따라서 한 종이 환경에 적응하면 다른 종도 대응하여 적응해야 한다. 만약 한 종이 적응하는 데 실패하면 그 종은 사라질 것이다. 예를 들어, 도도새는 포식자가 없어서 날 수 있는 튼튼한 날개를 발달시킬 필요가 없었다. 따라서 인간이 도도새를 발견했을 때, 도도새들은 사냥하기에 쉬웠다. 반면에, 영양은 빠른 치타에 맞서 살아남기 위해 변화했다. 그들은 매우 빠르게 달리는 것과 재빠르게 방향을 전환하는 것을 배웠다. 그래서 그들은 오늘날까지 여전히 살아 있다!

문제해설

1 ① 더 빨리 달리는 자가 살아남는다 ② 두 배 건강해지는 한 가지 방법: 빠르게 달리기
③ 도도새와 영양의 차이점 ④ 붉은 여왕 효과: 살아남기 위해 계속 발전하다
⑤ 〈이상한 나라의 앨리스〉에서 얻은 수학적 교훈
▶ 계속해서 진화하는 상대에 대응하여 끊임없이 변화하지 못하는 종은 결국 도태된다는 붉은 여왕 효과에 관한 글이다.

2 ① 예를 들면 – 반면에 ② 게다가 – 따라서
③ 예를 들면 – 게다가 ④ 따라서 – 다시 말해서
⑤ 대신에 – 예를 들면
(A) 빈칸 앞에서 한 종이 환경에 적응하면 다른 종도 대응하여 적응해야 하는데 만약 그렇지 못하면 사라진다고 했고, 빈칸 뒤에서 그 예로 도도새를 들고 있으므로, For example이 적절하다.
(B) 빈칸 앞에는 변화하는 환경에 적응하지 못한 종의 예로 도도새가 나왔고 빈칸 뒤에는 천적인 빠른 치타에 맞서 진화하여 살아남은 영양에 대한 내용이 왔으므로, On the other hand가 적절하다.

3 15~16행 참고

4 자연은 종에게 서로 경쟁하도록 요구한다. 이는 서로 경쟁하는 종은 각자 자신들의 환경에 적응해야 한다는 것을 의미한다. 만약 지속적으로 진화하지 않으면, 그들은 결국 사라질 것이다.

구문해설

1행 "Why can't I move forward **even though** I'm running?" Alice asked.
• even though: 양보절을 이끄는 접속사 (~이긴 하지만)

6행 **Thinking this**, American biologist ... suggested an idea [*called* the Red Queen effect].
- Thinking this는 '연속상황'을 나타내는 분사구문
- called 이하는 an idea를 꾸며 주는 과거분사구

10행 If a species fails **to *do*** *this*, it will disappear.
- to do: 동사 fail의 목적어로 쓰인 to부정사의 명사적 용법
- do this는 앞 문장의 adapt in response를 가리킴
- it: a species를 가리키는 대명사

11행 For example, dodos had no predators, so they **didn't need to develop** strong wings *to fly*.
- don't need to-v: ~할 필요가 없다
- to fly: strong wings를 꾸며 주는 to부정사의 형용사적 용법

15행 They learned **to run** extremely fast
and
to quickly **change** their direction.
- to run과 to change가 and로 연결된 병렬 관계로, 동사 learned의 목적어로 쓰인 to부정사의 명사적 용법

REVIEW TEST

p.44

A 1 display 2 harvest 3 constantly 4 request 5 store

1 전시하다: 보이는 곳에 무언가를 두다
2 수확하다: 곡물, 과일, 또는 채소를 따서 모으다
3 끊임없이: 정기적으로, 자주, 또는 항상
4 요청: 누군가에게 해 달라고 정중하게 요청하는 행위
5 저장하다: 나중에 사용하려고 무언가를 어딘가에 보관하다

B 1 ③ 2 ④ 3 ②

1 그의 계획은 엄청난 성공으로 판명되었다.
2 당신은 부주의하게 운전한 것으로 체포될 수 있다.
3 규칙적인 운동은 당신의 근육을 강화시킬 수 있다.

C 1 is similar to 2 closed off 3 in response

SECTION 5

01 p.48 1 ③ 2 ②

본문해석

전 세계적으로 몇 초마다 한 명의 아이가 굶주림으로 죽는다. 그들을 돕기 위해 우리가 무엇을 할 수 있을까? Plumpy'Nut(플럼피넛)이 그 답일 수도 있다. Plumpy'Nut은 작은 팩에 든 땅콩버터, 분유, 설탕, 그리고 식물성 기름의 혼합물이다. 이 작은 제품은 대단한 것처럼 들리지 않을지도 모른다. 그러나 그것은 수천 명의 아이들의 생사에 차이를 만들어 낼 수 있다. 긴급 상황에서 Plumpy'Nut은 배고픈 아이들의 체중을 빠르게 늘게 하고 건강을 회복하도록 도울 수 있다. (균형 잡힌 식사는 몸과 마음이 계속해서 제대로 기능하는 데 필요하다.) 2005년부터 2006년까지 아프리카 국가인 Niger(니제르)에서 식량 위기가 있었다. Plumpy'Nut은 아프고 배고픈 아이들에게 큰 도움이 되었다. 오늘날 유니세프를 포함한 많은 단체들이 생명을 구하기 위해 이 제품을 구매하여 나누어 주고 있다.

문제해설

1 ① 아프리카 국가들의 심각한 식량 문제 ② 사람들이 굶주림으로 죽는 나라들
③ 배고픈 아이들을 돕는 데 쓰이는 제품 ④ 빈곤국을 위한 새로운 종류의 약
⑤ 건강하지 않은 아이들을 위한 음식의 중요성
▶ 기아 상태의 아이들이 건강을 빠르게 회복할 수 있는 제품인 Plumpy'Nut에 대해 설명하는 글이다.

2 균형 잡힌 식단의 필요성은 기아 상태의 아이들을 위한 구호 식품을 설명하는 글의 내용과 관계가 없다.

구문해설

1행 Around the world, a child dies from hunger **every few seconds**.
- every + 기수[few] + 복수명사: '매 ~, ~마다'라는 뜻으로 빈도를 나타냄

7행 This small product may not **sound like** *much*; ....
- sound like: ~처럼 들리다
- much: '대단한 일[것], 중요한 것'이라는 뜻의 대명사

9행 ..., Plumpy'Nut can **help hungry children** ***add*** weight quickly [and] ***regain*** their health.
- help + 목적어 + 목적격보어(동사원형[to-v]): ~가 …하는 것을 돕다
- 동사원형 add와 regain은 and로 연결된 병렬 관계

10행 A balanced diet **is needed** *to keep* the body and mind working well.
- is needed: 〈be동사 + v-ed〉 형태의 수동태
- to keep: '~하기 위해'라는 뜻의 목적을 나타내는 to부정사의 부사적 용법
- keep + 목적어 + 목적격보어(v-ing): ~을 …한 상태로 계속 유지하다, ~가 계속 …하게 하다

13행 Plumpy'Nut was a big help to children [**who** were sick and hungry].
- who 이하는 선행사 children을 꾸며 주는 주격 관계대명사절

02 p.49 **1** ③ **2** Adspecs를 쓰고 시력 검사표가 잘 보일 때까지 렌즈에 기름을 주입한다.

본문해석

의사나 고가의 장비 없이도 완전한 안경을 갖는 것이 가능하다. 이것은 안과 의사가 많지 않은 가난한 나라의 사람들에게 엄청난 소식이다. 그것은 모두 Adspecs(애드스펙스)라고 불리는 발명품 덕분인데, 그것은 액체로 채워진 안경이다. 이 안경은 사용하기 쉽다. 단순히 그 안경을 착용하고 벽에 있는 시력 검사표를 보기만 하면 된다. 그러고 나서 안경의 렌즈 안으로 투명한 기름을 주입하기 시작한다. 시력 검사표가 뚜렷하게 보일 때 주입을 멈춘다. 이제 안경은 착용할 준비가 되었다! Global Vision(글로벌 비전) 2020이라는 단체가 Adspecs를 가난한 나라에 배포하고 있다. 그들은 전 세계의 가난한 아이들이 완벽한 시력으로 더 나은 삶을 살도록 돕기를 바란다.

문제해설

1 ① 놀라운 방수 안경 ② 특수 오일로 안경을 닦아라
③ Adspecs: 의사 없이도 또렷한 시력 ④ 가난한 나라에서 안과 의사 교육하기
⑤ Global Vision과 함께 안경을 재활용하라
▶ 안과 의사가 없이도 자신의 시력에 맞게 도수를 맞출 수 있는 안경인 Adspecs에 대해 설명하는 글이다.

2 5~8행 참고

구문해설

1행 It is possible to get a perfect pair of glasses without any doctors or expensive equipment.
(It: 가주어 / to get ~ equipment: 진주어)

2행 This is great news for people in poor countries [**where** there aren't many eye doctors].
• where 이하는 선행사 poor countries를 꾸며 주는 관계부사절로, where 앞에 장소와 관련된 단어가 옴

3행 It's all thanks to an invention [**called** Adspecs], *which* is a pair of glasses [**filled** with liquid].
• called가 이끄는 [ ]와 filled가 이끄는 [ ]는 각각 an invention과 a pair of glasses를 꾸며 주는 과거분사구
• which: 선행사 Adspecs를 부연 설명하는 계속적 용법의 주격 관계대명사

5행 You simply **put them on** and ....
• put them on: 〈타동사 + 부사〉 형태의 동사구가 대명사를 목적어로 취할 때, 대명사는 동사와 부사 사이에 옴

7행 When you can see the eye chart clearly, you **stop pumping**.
• stop + v-ing: ~하는 것을 멈추다 (*cf.* stop + to-v: ~하기 위해 멈추다)

03 p.50

1 ⑤ **2** ④ **3** blame
4 뉴스 기사에 있는 사실을 확인하고 사실이 아닌 뉴스 기사에 표시해서 분류한다.

본문해석

요즘 많은 사람들이 온라인으로 뉴스를 읽고 그것을 소셜 미디어 사이트를 통해 공유한다. 유감스럽게도, 일부 온라인 뉴스는 '가짜 뉴스'이다. 가짜 뉴스는 꼭 진짜 뉴스처럼 보이지만, 그것은 사실이 아니다. 어떤 사람들은 독자들이 실제로 일어나고 있는 일과 헷갈리게 하려고 가짜 뉴스를 작성한다. 예를 들어, 이것은 Donald Trump(도널드 트럼프)와 Hillary Clinton(힐러리 클린턴)이 대통령직을 두고 경쟁했을 때 중대한 문제가 되었다. 그 당시, Clinton에 관한 가짜 뉴스가 인터넷에 널리 퍼졌다. Clinton이 졌다는 것을 고려하면, 그 뉴스가 선거에 영향을 미쳤을 가능성이 있다. 나중에 많은 사람들이 가짜 뉴스의 확산을 막지 않은 것에 대해 인터넷 회사들을 비난했다. 그때 이후로, 이 회사들은 가짜 뉴스와 싸우기 위한 조치들을 취해 왔다. 예를 들어, 그 회사들 중 하나는 이제 뉴스 기사에 있는 사실을 확인하고 사실이 아닌 뉴스 기사에 표시를 해서 분류한다. 이러한 긍정적인 조치들에도 불구하고, 우리는 우리가 읽는 것을 모두 믿지 않도록 주의해야 한다.

문제해설

1 ① 온라인 기사에서 어떻게 사실을 확인하는가 ② 왜 인터넷은 가짜 뉴스로 가득한가
③ 효과적인 신문 기사를 어떻게 쓰는가 ④ 소셜 미디어 사이트에서 선거 결과 공유하기
⑤ 진실이 아닌 뉴스 기사의 문제점
▶ 가짜 온라인 뉴스가 사람들을 혼란스럽게 하므로 기사를 읽을 때 주의해야 한다는 내용의 글이다.

2 ① 마찬가지로 ② 그러나 ③ 이러한 이유로 ④ 예를 들어 ⑤ 게다가
▶ 각 빈칸 뒤에서 바로 앞 문장에 대한 예시가 이어지고 있으므로, For example이 적절하다.

3 누군가가 안 좋은 일에 책임이 있다고 말하다: 비난하다

4 12~13행 참고

구문해설

4행 Some people write it **in order to *make*** *readers confused* about what is really happening.
- in order to-v: ~하기 위해
- make + 목적어 + 목적격보어(형용사): ~을 …하게 만들다
- what: '~하는 것'이란 뜻으로, 선행사를 포함하는 주격 관계대명사

8행 **Considering that** Clinton lost, *it is possible that* the news had an effect on the election.
- considering (that): ~을 고려하면
- it is possible that: '~일 가능성이 있다'의 의미로 이때 it은 가주어, that 이하가 진주어
- have an effect on: ~에 영향을 미치다

9행 ..., many people **blamed** internet companies **for** *not stopping* the spread of fake news.
- blame A for B: A를 B로 비난하다
- not stopping: 동명사의 부정형은 동명사 바로 앞에 not이나 never를 붙임

11행 **Since** that time, these companies **have taken** steps [*to fight* fake news].
- have taken: '계속'을 나타내는 현재완료로, 부사 since 등과 자주 쓰임
- to fight 이하는 steps를 꾸며 주는 to부정사의 형용사적 용법

12행 ... checks the facts in news stories and labels the **ones** [*that* are not true].
- ones: 앞에 나온 news stories를 대신하여 쓰인 대명사
- that 이하는 선행사 the ones를 꾸며 주는 주격 관계대명사절

04 p.52

1 ④ **2** (1) ⓒ (2) ⓐ (3) ⓑ **3** (정치적으로) 진지한 메시지를 경쾌한 방식으로 전달했다.
4 female, political, different, express

본문해석

당신은 Madeleine Albright(매들린 올브라이트)에 대해 들어 본 적이 있는가? 그녀는 최초의 여성 미국 국무장관이자 유엔 미국 대사였다. 그런데 그녀는 자신의 감정을 나타내기 위해 브로치를 사용한 독특한 방식으로도 알려져 있다. Albright는 보통 블라우스나 재킷의 왼쪽에 브로치를 착용했다. 협상 중에, 그녀는 특정 상황에 따라 어떤 브로치를 착용할지 고르곤 했다. 예를 들어, 팔레스타인의 지도자 Yasser Arafat(야세르 아라파트)를 만났을 때는 벌 모양의 브로치를 착용했다. 그녀는 자신이 냉정하고 공격적일 것임을 보여 주고자 했다. 반면에, 대한민국의 김대중 대통령을 만났을 때는 온정과 친선을 표현하기 위해 해 모양의 브로치를 착용했다. 그녀는 또한 풍선처럼 생긴 브로치도 소장했다. 그녀는 일이 잘 되어간다고 느꼈을 때 그것을 착용하곤 했다. Albright는 모두 200개 이상의 브로치를 소장했다. 정치인으로서의 경력 동안, 그녀는 이 소장품을 잘 이용했다. 그 브로치들은 진지한 메시지를 경쾌한 방식으로 전달했다.

문제해설

1 ① 브로치: 적을 위한 선물 ② 정치인을 위한 장신구 디자인하기
③ 세계의 가장 영향력 있는 여성 ④ Albright의 장신구에 숨겨진 의미
⑤ Madeleine Albright의 패션 실수
▶ Madeleine Albright는 다양한 브로치를 착용해서 자신의 정치적 메시지를 표현했다는 내용의 글이다.

2 (1) 10~11행 참고
(2) 12~13행 참고
(3) 14~15행 참고

3 18~19행 참고

4

Madeleine Albright는 최초의 여성 미국 국무장관이다. 그녀는 자신의 감정과 태도를 표현하기 위해 각 정치 회의마다 다른 브로치를 착용했다.

구문해설

1행 **Have you ever heard** of Madeleine Albright?
- Have + 주어 + v-ed ...?: '경험'을 묻는 현재완료 의문문으로, 부사 ever, before 등과 자주 쓰임

3행 ..., she was also known for the unique way [**she** used brooches *to show* her feelings].
- she 이하는 선행사 the unique way를 꾸며 주는 관계부사절로, 선행사 the way와 관계부사 how는 함께 쓰지 않고 둘 중 하나만 사용
- to show: 목적을 나타내는 to부정사의 부사적 용법

7행 ..., she **would** choose *which brooch to wear* based on the specific situation.
- would: '~하곤 했다'의 뜻으로 과거의 불규칙적인 습관 또는 반복적인 행위를 나타냄 (*cf.* used to-v: 과거의 규칙적인 습관)
- which + 명사 + to-v: 어떤 ~을 …할지
- based on: ~에 근거하여

10행 She wanted to show **that** she *was going to be* tough and aggressive.
- that: show의 목적어절을 이끄는 접속사
- be going to + 동사원형: ~할 것이다

13행 She also owned a brooch [**shaped** like a balloon].
- shaped 이하는 a brooch를 꾸며 주는 과거분사구

REVIEW TEST

p.54

A

1 aggressive 2 emergency 3 positive 4 equipment 5 distribute

1 공격적인: 적극적이고 강력한 방식으로 행동하는
2 긴급[비상] 사태: 갑작스럽고 위험한 상황
3 긍정적인: 상황의 좋은 측면을 생각하는
4 장비, 용품: 특정한 목적을 위해 필요한 물품
5 분배하다, 나누어 주다: 어떤 것을 사람들에게 줌으로써 나누다

B

1 ⑤ 2 ④ 3 ①

1 이 게임은 특정 연령대를 위해 설계되었다.
2 그는 금방 건강을 되찾았다.
3 나는 나중에 몇 개의 이메일을 받았다.

C

1 made use of 2 compete for 3 died from

SECTION 6

01 p.58 1 ① 2 ②

본문해석

안녕하세요. 제 이름은 제인이고 중학생입니다. 저는 당신 프로그램의 엄청난 팬이에요! 2년 전에 제 친구가 이 프로그램을 저에게 추천했고, 그때부터 이 프로그램을 매주 시청해 오고 있어요. 저는 당신의 프로그램이 다른 음악 프로그램과 다르다는 점이 좋아요. 제가 본 대부분의 음악 프로그램들은 그저 가수에 관한 것이고, 아무도 작곡가에 대해서는 언급하지 않아요. 하지만 당신의 프로그램에서는 가수와 작곡가가 함께 출연하고 그들의 노래에 담긴 의미에 대해 이야기해요. 저는 어른이 되면 작곡가가 되고 싶기 때문에, 그것은 제게 매우 자극이 된답니다. 제가 가장 좋아하는 작곡가 김준이 다음 주에 그 프로그램에 나올 것이라고 들었어요. 저는 정말로 그를 만나고 싶어요. 무리한 부탁인 것은 알지만, 저를 당신의 프로그램에 초대해 주실 수 있나요? 저는 정말 행복할 거예요!

문제해설

1 편지의 뒷부분에서 자신을 프로그램에 초대해 달라고 부탁했다.

2 선행사 Most music shows를 꾸며 주는 목적격 관계대명사와, 동사 heard의 목적어절을 이끄는 접속사로 쓸 수 있는 것은 that이다.

구문해설

3행 …, and I'**ve been watching** it every week *ever since*.
- have been watching: 〈have been v-ing〉 형태의 현재완료 진행형으로, 과거에 시작되어 현재까지도 동작이 계속 진행되고 있음을 나타냄
- ever since: 그 후 줄곧

5행 Most music shows [(**that**[**which**]) *I've seen*] are just about the singers, ….
- that[which]이 이끄는 [ ]는 선행사 Most music shows를 꾸며 주는 목적격 관계대명사절로, 목적격 관계대명사 that[which]이 생략됨
- I've seen: '경험'을 나타내는 현재완료

8행 I **would like to be** a songwriter when I grow up, so it's very inspiring to me.
- would like to-v: ~하고 싶다

02 p.59 1 ④ 2 the musicians use the leftover vegetables to make soup

본문해석

많은 부모들이 아이들에게 음식을 가지고 장난하지 말라고 말한다. 하지만 Vienna Vegetable Orchestra(비엔나 채소 오케스트라) 연주회에서는 음식을 가지고 노는 것이 뛰어난 음악 작품을 만드는 데 도움이 되어 왔다. 이 오케스트라는 신선한 채소로 음악을 만든다. 그들은 채소를 색다른 악기로 만들기 위해 드릴과 칼을 사용한다. 예를 들어, 그들은 호박으로 베이스 드럼을 만들고, 당근으로 리코더를 만든다. 이러한 먹을 수 있는 악기로부터 새로운 소리가 나온다. 청중들은 독특한 악기뿐만 아니라, 풍부한 감각적 경험도 즐길 수 있다. 그들의 눈은 색색의 채소에 집중하고, 코는 신선한 냄새를 들이마시고, 귀는 멜로디를 듣는다. 심지어 그들의 입과 위까지도 참여할 기회를 얻는다! 연주회 전에 연주자들은 수프를 만들기 위해 남은 채소를 사용한다. 연주회 이후에 청중들은 이 수프를 먹을 수 있다. 일반적인 음악회보다 더 재미있지 않은가?

문제해설

1 남은 채소를 사용해 수프를 만든다고 했다.
2 수프를 만드는 것은 청중이 아닌 연주자들이므로, 주어 자리에 the musicians를 쓴다. 이어지는 문장에서 청중들이 수프를 먹는다고 했으므로, 수프를 만들기 위해 남은 야채를 활용한다는 내용인 use the leftover vegetables to make soup이 자연스럽다.

구문해설

1행 Many parents **tell their children** *not* ***to play*** with their food.
- tell + 목적어 + 목적격보어(to-v): ~에게 …하라고 말하다
- not to play: to부정사의 부정형은 to부정사 바로 앞에 not이나 never를 씀

4행 They use drills and knives **to *make*** vegetables *into* extraordinary instruments.
- to make: '~하기 위해'라는 의미의 목적을 나타내는 to부정사의 부사적 용법
- make A into B: A를 B로 만들다[개조하다]

10행 **Even** their mouths and stomachs get a chance *to participate*!
- even: '심지어, ~조차도'라는 의미의 부사
- to participate: a chance를 꾸며 주는 to부정사의 형용사적 용법

03 p.60 1 ② 2 ③ 3 to encourage people to eat healthier foods 4 foods, leaving, produced

본문해석

정부는 공공 서비스를 제공하기 위해 돈이 필요하다. 정부는 그 돈을 어디에서 얻는가? 세금이다! 많은 다양한 종류의 세금이 있다. 하지만 그것들 중 일부는 특이하다. 어떤 나라에서는 피자와 햄버거와 같은 건강에 좋지 않은 음식에 '비만세'를 부과한다. 비만세의 목적은 비만율을 낮추고 사람들이 더 건강한 음식을 먹도록 권장하는 것이다. 베네수엘라에는 Simón Bolívar(시몬 볼리바르) 국제 공항에 '호흡세'가 있다. 그것은 그 공항에서 출국하는 모든 승객들에게 징수된다. 그것의 목적은 공항의 냉방 시스템 비용을 지불하는 것이다. 마지막으로 어떤 나라에는 '방귀세'가 있다. 농부들은 메탄가스 배출물에 대한 세금을 지불해야 한다. 이 배출물은 가축의 트림과 방귀에서 나온다. 메탄가스는 지구 온난화의 한 원인이다. 그래서 방귀세는 환경을 보호하기 위해 고안되었다. 이런 세금들에는 논란이 좀 있다. 그것들에 대해 어떻게 생각하는가?

문제해설

1 호흡세는 Simón Bolívar 공항에서 출국하는 승객들로부터 징수된다.
2 주어진 문장은 메탄가스가 지구 온난화의 한 원인이라는 내용으로, 가축들이 트림과 방귀로 메탄가스를 배출한다는 내용과 방귀세가 환경을 보호하기 위해 고안되었다는 내용 사이인 ③에 오는 것이 자연스럽다.
3 해당 문장 앞에 보어로 쓰인 to부정사와 and가 있으므로, 주어진 단어도 to부정사(to encourage)로 시작한다. 앞에서 세금의 목적이 비만율을 줄이는 것이라고 했으므로, 사람들이 더 건강한 음식을 먹도록 권장한다(encourage people to eat healthier foods)는 내용이 자연스럽다.
4

세계의 특이한 세금들	
비만세	특정 음식 가격에 추가됨
호흡세	Simón Bolívar 국제 공항을 떠나는 항공기의 승객들로부터 징수됨
방귀세	농장에서 생성되는 메탄가스에 부과됨

구문해설

1행 Governments need money **in order to provide** public services.
- in order to-v: ~하기 위해

3행 In some countries, a "fat tax" **is added to** unhealthy foods, *such as* pizza and hamburgers.

• A be added to B: 'A가 B에 더해지다'의 의미로, add A to B의 수동형

• such as: ~와 같은

5행 The aim of it is **to decrease** obesity rates and **to *encourage*** *people to eat* healthier foods.

• to decrease와 to encourage는 be동사의 보어로 쓰인 to부정사의 명사적 용법이며, and로 병렬 연결됨

• encourage + 목적어 + 목적격보어(to-v): ~가 …하도록 권장하다[장려하다]

8행 It is collected from all passengers [**who** *depart from* the airport].

• who 이하는 선행사 all passengers를 꾸며 주는 주격 관계대명사절

• depart from: ~에서 출발하다[떠나다]

12행 So the fart tax **is designed to protect** the environment.

• be designed to-v: ~하도록 고안되다

04 p.62 1 ⑤ 2 ⑤ 3 messy 4 broken window, careless

본문해석

도둑이 당신의 집에 들어오는 것을 원하지 않는다면, 무엇을 해야 할까? 당신은 문을 잠그고, 밤에는 집에 머물며, 그리고 … 집을 깨끗하고 단정하게 유지해야 한다. 마지막 사항은 의외일 수도 있다. 하지만 전문가들에 의하면, 범죄자들은 깨끗하고 단정한 집일수록 도둑질하기가 더 어렵다고 생각한다. 반면에, 만약 당신의 집에 깨진 유리창이 있다면 도둑들은 그 집이 쉬운 목표물이라고 생각할 것이다. 이것이 깨진 유리창 이론이다. 깨끗하고 단정한 집들은 도둑들로 하여금 그 주인들이 집 관리를 잘한다고 생각하게 해서, 도둑들은 그런 집을 침입하는 것을 피한다. 반면에, 만약 집이 잘 관리되어 있지 않으면, 도둑들은 그 주인이 부주의하다고 생각할 것이므로 더 많은 도둑을 끌어들일 것이다. 전 뉴욕 시장인 Rudolph Giuliani(루돌프 줄리아니)는 지하철에서 일어나는 범죄를 줄이기 위해 이 이론을 활용했다. 그는 지저분한 지하철은 범죄를 부추길 뿐만 아니라 사람들이 그곳은 위험한 장소라고 생각하게 만든다고 여겼다. Giuliani는 경찰들에게 모든 지하철과 역을 청소하라고 지시했다. 몇 년 이내에 지하철 범죄는 급격하게 감소했다.

문제해설

1 ① 간단히 말해서 ② 게다가 ③ 예를 들어 ④ 결과적으로 ⑤ 반면에

▶ 각 빈칸 앞에는 도둑이 침입을 꺼려하는 '깨끗한 집'에 대한 내용이, 뒤에는 도둑의 목표물이 되기 쉬운 '관리가 허술한 집'에 대한 내용이 대조적으로 설명되고 있으므로, 빈칸에는 On the other hand가 적절하다.

2 전 뉴욕 시장인 Giuliani는 지하철 범죄를 줄이기 위해 경찰에게 지하철과 역을 청소하라고 지시했다.

3 깨끗하지 않거나, 정리되지 않거나, 정돈되지 않은: 지저분한

4 깨진 유리창이 있는 집은 도난 당하기 더 쉬운데, 도둑들이 그 집의 주인은 부주의한 사람이라고 생각하기 때문이라고 한다.

구문해설

7행 Clean and tidy houses **make thieves think** their owners *take good care of* them, so thieves avoid breaking into those houses.

• make(사역동사) + 목적어 + 목적격보어(동사원형): ~가 …하게 하다

• take (good) care of: ~을 (잘) 돌보다

• avoid + v-ing: '~하는 것을 피하다'라는 의미이며, 이때 avoid는 동명사를 목적어로 취하는 동사

12행 He felt (that) a messy subway **both** attracted crime **and** made people think (that) ….

• both A and B: 'A와 B 둘 다'라는 뜻으로 A와 B에는 같은 문법 형태가 옴

14행 Giuliani **ordered the police to clean** all the subway cars and stations.

• order + 목적어 + 목적격보어(to-v): ~에게 …하라고 명령하다[지시하다]

REVIEW TEST

p.64

A 1 participate 2 inspiring 3 emission 4 theory 5 mention

1 참여하다: 행사, 활동, 또는 토론에 참여하다
2 격려하는, 자극하는: 사람들이 무언가를 하고 싶도록 만드는
3 배출물: 공기 중으로 배출된 물질
4 이론: 사실이나 사건을 설명하기 위해 사용되는 개념
5 (간단히) 말하다, 언급하다: 상세한 설명 없이 빠르게 무언가에 대해 쓰거나 말하다

B 1 ① 2 ② 3 ⑤

1 그들은 어젯밤에 스코틀랜드로 떠났다. 2 작년에 신입생 수가 300명에서 270명으로 줄었다.
3 나는 그 호텔의 정돈된 방과 훌륭한 서비스에 감명받았다.

C 1 departed from 2 In addition to 3 broke into

SECTION 7

01 p.68

1 ④ 2 모터가 시계를 다양한 속도와 다른 방향으로 움직이게 하도록 프로그램되어 있다.

본문해석

당신은 아침에 일어나는 데 어려움을 겪는가? MIT의 대학원생인 Gauri Nanda(가우리 난다)도 그랬다. 그래서 그녀는 잠을 깊게 자는 누구라도 깨울 'Clocky(클락키)'라는 알람 시계를 설계했다. 알람이 울리면 그 시계는 방바닥을 굴러다닌다. 만약 당신이 알람을 끄고 싶다면 그것을 잡아야만 한다. 그 시계의 프로그래밍은 모터가 시계를 다양한 속도와 다른 방향으로 움직이게 한다. 그래서 매일 아침 시계가 다른 곳에 있을 수 있다. Nanda는 "그것은 약간 숨바꼭질 놀이 같아요."라고 말했다. 이제 Nanda는 일어나는 데 문제가 없다. 만약 당신이 Clocky를 사용한다면, 당신도 일어나기가 쉬워질 것이다!

문제해설

1 ① 잠드는 데 ② 아침 식사하는 데
③ 은은한 소리를 듣는 데 ④ 아침에 일어나는 데
⑤ 밤늦게까지 공부하는 데
▶ 아침에 일어나는 데 어려움을 겪은 학생이 특별한 알람 시계를 고안한 내용의 글이다.
2 5~7행 참고

구문해설

1행 Do you **have trouble getting** up in the morning?
• have trouble v-ing: ~하는 데 어려움을 겪다

2행 So she designed **an alarm clock**, **Clocky**, [*that* would wake up any heavy sleeper].

• an alarm clock과 Clocky는 동격 관계
• that 이하는 선행사 an alarm clock을 꾸며 주는 주격 관계대명사절

5행 If you want to **turn *it* off**, you have to catch *it*.

• 〈타동사 + 부사〉 형태의 동사구가 대명사를 목적어로 취할 때, 대명사는 동사와 부사 사이에 와야 함
• 첫 번째 it은 the alarm을, 두 번째 it은 the clock을 나타냄

5행 The clock's programming **makes the motors move** the clock ....

• make(사역동사) + 목적어 + 목적격보어(동사원형) : ~가 …하게 하다

9행 If you use Clocky, it will be easy for you to wake up too!
가주어 / to부정사의 의미상 주어 / 진주어

02 p.69 **1** ④ **2** 암호 해독 키가 파괴되고 파일들을 영원히 잃는다.

본문해석

당신은 중요한 파일들을 열 수 없는가? (잠긴) 파일들을 풀고 싶으면 돈을 내라고 요구하는 메일을 받고 있는가? 그렇다면, 당신의 컴퓨터는 랜섬웨어에 감염되었을지도 모른다. 랜섬웨어는 컴퓨터에 몰래 설치된 골치 아픈 소프트웨어이다. 그것은 이메일 첨부 파일, 감염된 프로그램, 그리고 웹사이트를 통해 퍼진다. 피해자가 자신의 파일을 열 수 없다는 것을 알게 된 후, 그들은 특정한 날짜까지 돈을 내라고 요구하는 이메일을 받는다. 만약 피해자가 돈을 내지 않으면, 암호 해독 키가 파괴되고 파일들을 영원히 잃게 될 것이다. 이로 인해, 랜섬웨어는 데이터 납치로 불리기도 한다. 불행히도, 랜섬웨어를 방지할 방법은 없다. 가장 좋은 해결책은 정기적으로 당신의 데이터를 (다른 드라이브에) 백업하는 것이다.

문제해설

1 ① 인터넷 범죄의 유형들 ② 온라인에서 정보 검색하기
③ 당신의 컴퓨터를 안전하게 지키는 방법 ④ 당신의 컴퓨터에 대한 보이지 않는 위협: 랜섬웨어
⑤ 당신에게 필요한 소프트웨어를 다운로드받는 방법
▶ 중요한 컴퓨터 파일을 열지 못하게 만들어 피해자에게 돈을 요구하는 랜섬웨어에 대해 설명하는 글이다.

2 7~9행 참고

구문해설

1행 Are you receiving emails [**that** *ask you to pay* money if you want to unlock the files]?

• that 이하는 선행사 emails를 꾸며 주는 주격 관계대명사절
• ask + 목적어 + 목적격보어(to-v): ~에게 …해 달라고 요청하다

3행 Ransomware is troublesome software [**secretly installed** on a computer].

• secretly installed 이하는 troublesome software를 꾸며 주는 과거분사구로, secretly는 installed를 꾸며 줌

6행 After victims discover (**that**) they cannot open their files, they receive an email [*asking* them to pay money by a certain date].

• 동사 discover의 목적어절을 이끄는 접속사 that 생략
• asking 이하는 an email을 꾸며 주는 현재분사구

8행 ..., the decryption key **will be destroyed** and the files **will be lost** forever.

• will be destroyed와 will be lost는 〈조동사 + be v-ed〉 형태의 조동사가 쓰인 수동태

11행 The best solution is **to back up** your data regularly.
• to back up: 보어 역할을 하는 to부정사의 명사적 용법

03 p.70 **1** ③ **2** ④ **3** (1) F (2) T (3) F **4** a place where there is hardly any water

본문해석

사하라 사막은 위험한 사막이다. 그곳은 매우 뜨거워질 수 있고 물은 거의 없다. 그런데 사하라 사막에서 갈증으로 죽는 것보다 더 많은 사람들이 물에 빠져 죽는다는 것을 알고 있었는가? 이상하게 들리지만 사실이다. 실제로, 1995년 어느 날 밤에 수백 명의 사람이 익사했다.

사하라 사막에는 비가 거의 오지 않는다. 그런데 비가 오면 아주 심하게 온다. 그리고 사막의 모래는 (일반) 토양만큼 빠르게 물을 흡수하지 못한다. 이것은 홍수가 갑자기 발생하게 한다. 이는 돌발 홍수로 알려져 있다. 돌발 홍수는 예측하기가 어려운데, 왜냐하면 폭우가 협소한 지역에서 일어나고 그 지역에서 멀리 떨어져 있는 사람들은 거기서 무슨 일이 일어나고 있는지 모르기 때문이다. 물이 골짜기를 따라 갑자기 흐르기 시작할 때, 사람들은 거의 준비가 되어 있지 않다. 그들은 물이 거의 없는 곳에서의 홍수를 예상하지 못한다. 애석하게도, 그 결과 많은 사람들이 익사한다. 그러니 사하라 사막을 여행할 계획이라면 주의하라!

문제해설

1 ① 사하라 사막에서 어떻게 살아남는 법 ② 사하라 사막에서 물을 찾는 법
③ 사하라 사막에서 홍수의 위험 ④ 사하라 사막의 종잡을 수 없는 날씨
⑤ 사하라 사막을 여행할 때 가져가야 할 것
▶ 사하라 사막에서 발생하는 돌발 홍수의 위험성에 대해 설명하는 글이다.

2 8~10행 참고

3 (1) 1995년 어느 날 밤에 수백 명의 사람들이 익사한 적이 있다고 했다.
(3) 사막의 모래는 일반 토양만큼 물을 빠르게 흡수하지 못해서 홍수가 발생한다고 했다.

4 주어진 단어 앞에 전치사 in이 쓰였고, 여기서 where는 장소와 관련된 단어를 선행사로 하는 관계부사이므로 〈a place where + 주어 + 동사〉 순서로 쓴다. 앞 문장에서 물이 갑자기 불어날 때는 사람들이 (대피할) 준비가 거의 안 되어 있다고 했으므로, 사람들은 '물이 거의 없는 장소(a place where there is hardly any water)'에서의 홍수를 예상하지 못한다는 내용으로 작성하는 것이 적절하다.

구문해설

1행 ..., and there is **little water**.
• little + 셀 수 없는 명사: 거의 ~ 없는 (부정 의미)

6행 And the desert sand can't soak up the water **as quickly as** soil can (*soak up the water*).
• as + 부사[형용사]의 원급 + as: ~만큼 …하게[한]
• 조동사 can 뒤에 반복을 피하기 위해 soak up the water가 생략됨

7행 This **causes floods to happen** suddenly.
• cause + 목적어 + 목적격보어(to-v): ~가 …하도록 야기하다

9행 ..., and people [**far away** from those areas] have no idea *what* is happening there.
(people: 주어, have: 동사, idea = what is happening there)
• far away가 이끄는 [ ]는 people을 꾸며 주는 형용사구
• what 이하는 〈의문사 + 주어 + 동사〉 어순의 간접의문문으로, 이때 what은 의문사이자 주어의 역할을 함
• what 이하는 명사 idea의 내용을 보충 설명해 주는 동격절

04 p.72

1 ④ 2 ③ 3 function 4 encourage, middle

본문해석

'골디락스와 곰 세 마리' 이야기에서 골디락스라는 이름의 어린 소녀는 침대 세 개 중에서 (하나를) 선택한다. 첫 번째 침대는 매우 딱딱하고, 두 번째 침대는 매우 부드럽다. 그러나 세 번째 침대는 그 중간으로, 너무 딱딱하지도 너무 부드럽지도 않다. 그래서 그녀가 잠을 자기로 결정한 것이 바로 그 침대이다. 실생활에서, 쇼핑객들은 종종 골디락스처럼 행동한다. 그들은 더 비싼 제품은 낭비이고 불필요하다고 여긴다. 그리고 그들은 더 저렴한 제품은 품질이 나쁘고 위험 부담이 큰 것으로 본다. 그래서 그들은 대개 결국 중간에 있는 것을 사게 된다. 기업들은 이러한 행동을 알고, 자신들의 제품을 시장에 내놓을 때 흔히 이것을 이용한다. 이 전략은 실제로 골디락스 가격이라 불린다. 기업들은 특정 제품의 판매량을 늘리고 싶을 때 이 전략을 이용한다. 그들은 단지 (판매량을 늘리고 싶은 제품과) 동일한 기능을 가진 더 비싼 형태의 제품과 더 저렴한 형태의 제품을 소개한다. 이것은 더 많은 쇼핑객들이 가격이 딱 중간인 원래 제품을 사도록 부추긴다!

문제해설

1 제품의 판매량을 늘리기 위해 고객의 선택을 유도하는 골디락스 가격 정책에 대해 설명하는 글이다.

2 주어진 문장은 실제로 쇼핑객들이 종종 골디락스처럼 행동한다는 내용이므로 골디락스라는 소녀에 관한 이야기와 쇼핑객들의 행동에 관한 설명 사이인 ③에 오는 것이 자연스럽다.

3 어떤 것의 특별한 목적: 기능

4 골디락스 가격은 소비자가 (가격이) 중간인 제품을 사도록 부추기기 위해 더 저렴한 제품과 더 비싼 제품을 소개하는 전략이다.

구문해설

3행 But the third **one** is in the middle—*neither* too hard *nor* too soft.
- one: 앞에 나온 명사 bed를 대신하여 쓰인 대명사
- neither A nor B: 'A도 아니고 B도 아닌'의 의미로, A와 B에는 문법적으로 같은 형태가 옴

4행 So that's the one [(**that**) she *decides to sleep* in].
- that 이하는 선행사 the one을 꾸며 주는 목적격 관계대명사절로, that이 생략됨
- decide + to-v: '~하기로 결정하다'라는 의미로, decide는 to부정사를 목적어로 취하는 동사

5행 They **view** more expensive products **as** wasteful and unnecessary.
- view A as B: A를 B라고 여기다

7행 So they usually **end up buying** the *one* in the middle.
- end up v-ing: 결국 ~하게 되다
- one은 product를 대신하는 대명사

14행 ...—the one [**whose** price is right in the middle]!
- whose 이하는 선행사 the one을 꾸며 주는 소유격 관계대명사절

REVIEW TEST

p.74

A 1 thirst 2 method 3 quality 4 design 5 secretly

1 갈증: 마실 것을 필요로 하는 상태
2 방법: 무언가를 하는 특정한 방식
3 품질: 어떤 것이 얼마나 좋거나 나쁜지
4 설계하다: 특정한 목적을 위해 무언가를 계획하고 만들다
5 몰래, 비밀스럽게: 다른 사람들이 알지 못하거나 듣지 못하는

B 1 ⑤ 2 ② 3 ②

1 당신은 불필요한 지출을 줄여야 한다. 2 그는 회의에 거의 늦지 않는다.
3 그는 여행할 때 새로운 것들을 발견하는 것을 매우 좋아한다.

C 1 go off 2 soaked up 3 is aware of

SECTION 8

01 p.78 1 ④ 2 무중력 상태에서는 음식물이 위 속에서 떠다니기 때문에

본문해석

우주 탐사 초창기에 우주 비행사들은 튜브에서 음식을 짜내야 했다. 그것은 별로 맛이 없었다. 오늘날 우주 비행사들이 먹는 음식은 예전보다 훨씬 더 좋다. 오늘날 그들은 약 150가지의 다양한 종류의 음식과 음료에서 선택할 수 있다. 여기에는 닭고기덮밥, 딸기 요거트, 애플파이, 레모네이드, 그리고 다른 맛있는 것들이 포함되어 있다. 그 음식들은 지구에서 훌륭한 요리사들에 의해 준비되기 때문에 맛있고 건강에 좋다. 그러나 아직도 한 가지 작은 문제점이 있다. 무중력 상태에서는 우주 비행사가 먹는 음식이 위 속에서 떠다니기 때문에 그들은 쉽게 배부름을 느낀다. 이것은 그들의 뇌를 속이고 그들이 충분히 먹었다고 생각하게 한다. 그래서, 우주 비행사들은 건강하게 지내기 위해서 영양상으로 균형 잡힌 식사를 하려고 노력한다.

문제해설

1 우주 비행사들이 먹는 음식은 지구에서 훌륭한 요리사들에 의해 준비되기 때문에 맛있다고 했다.
2 10~11행 참고

구문해설

3행 It didn't **taste** very **good**.
- taste(감각동사) + 형용사(보어): ~한 맛이 나다

3행 The food [**that** astronauts eat today] is *much* better than before.
- that이 이끄는 [ ]는 선행사 The food를 꾸며 주는 목적격 관계대명사절
- much: '훨씬'의 의미로 비교급(better)을 강조하는 부사

9행 There is still one small problem, **though**.
- though: '하지만, 그러나'라는 의미의 부사로, 문장 끝에 오는 경우가 많음

12행 So, astronauts **try to eat** nutritionally balanced meals *in order to* stay healthy.
- try + to-v: '~하려고 노력하다'의 의미로, try는 to부정사와 동명사 모두 목적어로 취하는 동사 (*cf.* try + v-ing: 시험 삼아 ~해 보다)
- in order to-v: '~하기 위해'라는 의미로 목적을 나타냄
- stay + 형용사(보어): ~한 상태로 있다

02 p.79 **1** ④ **2** 암에 걸려 머리카락이 모두 빠진 할아버지의 기운을 북돋아 드리기 위해

본문해석

어느 날, Iowa(아이오와)에 있는 Pekin(페킨) 중학교에서 충격적인 사건이 일어났다. Jackson(잭슨)이라는 한 학생이 그의 교장 선생님의 머리카락을 밀어 버린 것이다! 그는 왜 그랬을까? 그 사건이 있기 며칠 전에, Jackson은 자신의 머리를 밀었다. 그의 할아버지는 암을 계속 앓아 왔었고, 머리카락이 모두 빠져 버렸다. 그래서 Jackson은 그에게 기운을 북돋아 드리기 위해 자신의 머리를 밀었다. 그가 삭발한 채로 학교에 도착했을 때, 반 친구들은 그를 괴롭혔다. Jackson의 엄마는 학교에 전화하여 Hadley(하들리) 교장에게 무슨 일이 있었는지 이야기했다. Hadley 교장은 그가 할아버지를 응원한 것으로 놀림 받은 것에 무척 화가 났다. 그래서 그는 Jackson에게 자신의 머리를 밀어달라고 부탁했다! Hadley 교장은 Jackson을 놀린 학생들에게 강한 메시지를 전달하고 싶었다. 그는 학생들에게 다른 사람들을 친절과 존중으로 대하는 것의 중요성을 보여 주길 바라고 있었던 것이다.

문제해설

1 ⓓ는 Jackson의 할아버지를 가리키고, 나머지는 모두 Jackson을 가리킨다.
2 5~7행 참고

구문해설

5행 His grandfather **had been suffering** from cancer, and all of his hair had fallen out.
- had been suffering: ⟨had been v-ing⟩ 형태의 과거완료 진행형으로, 과거의 특정 시점 이전에 시작된 일이 과거의 특정 시점에도 계속 진행되고 있음을 나타냄

6행 So Jackson shaved his own head **to *cheer*** *him up*.
- to cheer: '~하기 위해'라는 의미의 목적을 나타내는 to부정사의 부사적 용법
- cheer him up: ⟨타동사 + 부사⟩ 형태의 동사구가 대명사를 목적어로 취할 때, 대명사는 동사와 부사 사이에 위치함

13행 He was **hoping to show** them the importance of *treating* others with kindness and respect.
(show: 수여동사 / them: 간접목적어 / the importance of treating others with kindness and respect: 직접목적어)
- hope + to-v: '~하기를 바라다'의 의미로, hope는 to부정사를 목적어로 취하는 동사
- treating: 전치사 of의 목적어로 쓰인 동명사

03 p.80 **1** ⑤ **2** ⑤ **3** 4시간 30분 **4** airplane[plane], boat, jungle

본문해석

세계에서 가장 높은 폭포가 무엇인지 아는가? 나이아가라 폭포일까? 아니다! 그것은 Angel(엔젤) 폭포로, 베네수엘라 남동부의 Churun(추룬) 강에 위치해 있다. Angel 폭포는 979미터 높이이다. 그것은 비행사인 Jimmie Angel(지미 엔젤)의 이름을 따서 이름 붙여졌다. 그는 1933년에 금을 찾던 도중 비행기에서 폭포를 처음으로 보았다. 4년 후, 그는 그 폭포로 다시 돌아왔지만 그의 비행기가 추락했다. 추락 후, Angel은 구조되기 전 11일 동안 살아남기 위해 고군분투했다. 그의 사고는 그에게는 나쁜 일이었지만 세상을 위해서는 좋은 일이었다. 추락 사고가 없었다면, 이 놀라운 자연 명소는 바깥세상에 알려지지 않았을지도 모른다.

Angel 폭포는 높은 산과 울창한 밀림으로 둘러싸여 있다. 그곳에 이르는 단 두 가지의 방법이 있다. 그중 하나는 경비행기를 타고 공중으로 가는 것이고, 나머지 하나는 배를 타는 것이다. 배로 가까운 정글에 가는 데는 세 시간 반이 걸린다. 그러고 나서 밀림 속을 걸어 폭포에 도달하는 데 한 시간이 더 걸린다. 그럼에도, 전 세계의 많은 관광객들이 매년 이 폭포를 방문한다.

문제해설

1 매년 많은 방문객이 있다고는 했지만 그 수는 언급되지 않았다.

2 ① 벽에도 귀가 있다. (= 낮말은 새가 듣고 밤말은 쥐가 듣는다.)
② 쉽게 오는 것은 쉽게 간다.
③ 무소식이 희소식이다.
④ 눈에서 멀어지면 마음에서도 멀어진다.
⑤ 모든 구름의 뒤편은 은빛으로 빛난다. (= 어떠한 나쁜 상황에도 긍정적인 면이 있다.)
▶ 추락 사고는 불행한 일이었지만 Angel 폭포를 세상에 알리게 된 좋은 면도 있었다는 내용과 관련된 속담이 적절하다.

3 | 비행기 없이 Angel 폭포에 도착하는 데 얼마나 걸리는가? |
▶ 13~15행 참고

4 | 만약 당신이 Angel 폭포를 보고 싶다면, 비행기를 타고 그곳에 가거나 배를 탄 다음 밀림 속을 걸어가야 한다. |
▶ 폭포에 가는 방법은 비행기나 배를 타는 두 가지 방법이 있으며, 배를 타고 가는 경우 밀림 속을 걸어가야 한다고 했다.

구문해설

2행 It's Angel Falls**, which** is located on the Churun River in southeastern Venezuela.
• which 이하는 선행사 Angel Falls를 부연 설명하는 계속적 용법의 주격 관계대명사절

4행 He first saw the falls from his plane **while searching for gold in 1933**.
• '때'를 나타내는 분사구문으로, 의미를 분명히 하기 위해 접속사(while)를 생략하지 않음

8행 **Without the crash**, this amazing natural site **might have** never **been** known ....
• 과거 사실의 반대를 가정하는 가정법 과거완료가 쓰인 문장. 가정법 과거완료는 〈If + 주어 + had v-ed ~, 주어 + 조동사의 과거형 + have v-ed ...〉 형태인데, 여기서는 Without the crash가 if가 이끄는 조건절을 대신함 (Without the crash = If there had not been the crash[If it had not been for the crash])

12행 **One** of them is from the air in a small airplane, and **the other** one is by boat.
• 두 가지 중에서 하나는 one, 나머지 하나는 the other로 나타냄

13행 By boat, **it takes three and a half hours to get** to the nearby jungle.
• it takes + 시간 + to-v: ~하는 데 …만큼의 시간이 걸리다

04 p.82 **1** ④ **2** ④ **3** (1) F (2) F (3) T **4** personality, values

본문해석

지수는 제2 언어로 영어를 배우고 있다. 그녀는 흥미로운 것을 알아냈다. 그녀가 모국어를 말할 때면, 그녀는 말수가 적어지고 수줍음을 느낀다. 그러나 그녀가 영어를 말할 때면, 그녀는 외향적이고 자신감이 넘친다. 실제로 이런 경우는 상당히 흔하다. 연구는 사람들이 다른 언어를 구사할 때 그들의 성격이 변할 수 있다는 것을 보여 준다. 한 연구에서 멕시코계 미국인들이 성격 검사를 받았다. 우선 그들은 영어로 검사를 받았고 그 다음 스페인어로 검사를 받았다. 영어로 된 검사에서 그들은 세 가지 범주에서 더 높은 점수를 받았는데, 그것은 바로 친절함, 솔직함, 배려였다. 이 특성들은 미국 문화와 연관되는 경향이 있다. (멕시코와 미국은 이웃 나라이지만 공통의 언어를 공유하지는 않는다.) 이것은 한 문화의 가치관을 언어로부터 분리할 수 없다는 것을 보여 주는데, 즉 당신이 그 언어를 구사할 때, 당신은 (그 언어가 사용되는 문화의) 가치관에 의해 영향을 받는다. 그러므로 당신이 영어를 사용할 때 (자신이) 다른 사람처럼 느껴져도 걱정하지 마라. 당신은 그저 당신이 구사하고 있는 언어의 문화적 가치관을 경험하고 있는 것이다.

문제해설

1 ① 문화는 언어보다 더 중요하다
② 당신의 모국어가 당신이 누구인지를 정의한다
③ 미국: 하나의 언어, 그러나 많은 문화
④ 언어가 당신의 성격에 미치는 영향

⑤ 2개 언어 학습은 당신을 더 똑똑하게 만들 수 있다

▶ 언어와 문화적 가치관은 밀접하게 연관되어 있기 때문에 구사하는 언어에 따라 문화적 가치관이 달라져서 성격이 변할 수 있다는 내용의 글이다.

2 멕시코와 미국이 공통어를 사용하지 않는다는 내용은 사용하는 언어에 따라 성격이 달라질 수 있음을 보여 주는 연구와 관계가 없다.

3 (1) 지수가 모국어를 말할 때 수줍음을 느낀다고 했으나 모든 사람들에게 해당되는 내용은 아니다.
(2) 친절함, 솔직함, 배려 등의 특성은 미국 문화와 연관되는 경향이 있다고 했다.

4 사람들은 다른 언어를 구사할 때 그들의 성격이 변하는 것 같은 기분을 자주 느낀다. 이것은 한 문화의 언어를 그것의 가치관과 분리하는 것이 불가능하기 때문이다.

구문해설

1행 She has noticed **something interesting**.
• -thing으로 끝나는 대명사는 형용사가 뒤에서 꾸며 줌

2행 When she speaks her native language, she **feels quiet** and **shy**.
• feel(감각동사) + 형용사(보어): ~하게 느끼다

10행 These traits **tend to** ***be*** *connected with* American culture.
• tend to-v: ~하는 경향이 있다
• A be connected with B: 'A는 B와 연관되다'의 의미로, connect A with B의 수동형

13행 … when you speak the language, you **are affected by** the values.
• be affected by: ~의 영향을 받다

14행 So don't worry **if** you feel like a different person when you use English.
• if는 '(만약) ~라면'이란 뜻으로 조건의 부사절을 이끄는 접속사

15행 You're just experiencing the cultural values of the language [(**that**[**which**]) you're speaking].
• that[which] 이하는 선행사 the language를 꾸며 주는 목적격 관계대명사절로, that[which]이 생략됨

REVIEW TEST

p.84

A

1 trick 2 tease 3 category 4 respect 5 struggle

1 속이다: 사실이 아니거나 거짓인 것을 믿게 하다 2 놀리다: 누군가를 비웃거나 불쾌한 방식으로 어떤 것을 말하다
3 범주: 비슷한 것들의 집합 4 존중, 존경: 선하거나 중요한 누군가를 향한 예의나 배려
5 분투하다, 애쓰다: 비록 아주 어렵더라도 어떤 것을 하려고 열심히 노력하다

B

1 ① 2 ② 3 ③

1 오랜 여행 후에 나는 상당히 피곤했다. 2 건설 현장은 저쪽에 있다.
3 소방관은 화재 현장에서 어린 소녀를 구조했다.

C

1 was connected with 2 cheered up 3 is located

SECTION 9

01 p.88　**1** ④　**2** (1) 요트 조종 (2) 스쿠버 다이빙 (3) 콜로라도 강에서의 카약 여행

본문해석

스키어(스키 타는 사람)인 젊은 Peter Hershorn(피터 허숀)은 큰 점프를 시도하던 중 끔찍한 사고를 당했다. 그의 척추가 부러졌고 다리를 움직일 수 없었다. Peter는 두 차례의 수술을 받기는 했지만, 여전히 걸을 수 없었다. 그러나 그는 운동을 매우 좋아해서 자신이 할 수 있는 운동을 찾기 위해 노력했다. 결국 그는 요트를 조종하는 것을 배웠다. 그는 또한 훌륭한 스쿠버 다이버가 되었다. Peter는 그 후 Colorado(콜로라도)강을 따라 카약 여행을 했고, 카약을 타고 그랜드 캐니언을 간 최초의 하반신 마비 환자가 되었다. 사람들이 그에게 어떻게 이 모든 일을 할 수 있는지 물으면, 그는 "만일 내가 할 수 없는 것에 대해서만 생각한다면, 나는 아직도 병원에 있을 겁니다."라고 말한다.

문제해설

1 ① 게으른　② 우아한　③ 예의 바른　④ 긍정적인　⑤ 유머러스한

▶ 척추가 부러지고 다리를 움직일 수 없는 큰 사고를 당한 후에도, 요트 조종법을 배우고 스쿠버 다이빙, 카약 여행을 하는 등 신체의 한계를 극복한 점으로 볼 때, Peter는 긍정적인 사람이다.

2 (1) 5행 참고

(2) 5~6행 참고

(3) 6~7행 참고

구문해설

1행　Peter Hershorn, a young skier, had a terrible accident **while attempting** a big jump.

(Peter Hershorn = a young skier)

• while attempting: '~하는 동안'이라는 의미를 강조하기 위해 접속사를 생략하지 않은 분사구문

4행　But he loved sports, so he tried to find **one** [*that* he could do].

• one: a sport를 가리키는 대명사

• that 이하는 선행사 one을 꾸며 주는 목적격 관계대명사절

8행　When people ask him **how** he can do all of this, ...

(ask: 수여동사, him: 간접목적어, how he can do all of this: 직접목적어)

• how 이하는 〈의문사 + 주어 + 동사〉 어순의 간접의문문으로 동사 ask의 직접목적어로 쓰임

8행　..., "**If I thought** only about *what* I can't do, **I'd** still **be** in the hospital."

• 가정법 과거: 현재 사실과 반대되는 일을 가정하는 가정법 과거가 쓰인 문장으로, 〈If + 주어 + 동사의 과거형 ~, 주어 + 조동사의 과거형 + 동사원형 ...〉의 형태이며 '만약 ~라면 …할 텐데'의 의미

• what: '~하는 것'이라는 의미로, 선행사를 포함하는 관계대명사 (= the thing which[that])

02 p.89　**1** ④　**2** Sedona의 자연경관과 잘 어울리도록 하기 위해

본문해석

전 세계에 수만 개의 맥도날드 패스트푸드점이 있다. 대부분의 사람들은 맥도날드의 로고를 쉽게 알아본다. 그것은 바로 커다란 'M' 모양으로 만들어진 두 개의 황금색 아치다. 하지만 Arizona(애리조나)주의 Sedona(세도나)에 있는 맥도날드에서는 이 황금색의 아치가 실제로 푸른색이다. Sedona는 사막에 있으며 자연의 아름다움으로 유명하다. 맥도날드

는 1990년대 초에 그곳에 매장을 열기로 결정했다. 그러나 도시의 지도자들은 커다란 황금색 'M'이 경관을 망칠까 봐 걱정했다. 그래서 맥도날드는 자연경관과 더 잘 어울리는 색을 사용하는 데 동의했다. 그들은 청록색으로 알려진 녹청색을 선정했다. 오늘날 여행객들은 오로지 이 독특한 간판을 보기 위해서 Sedona의 맥도날드를 자주 방문한다.

문제해설

1 주어진 문장은 Sedona의 지도자들이 맥도날드의 황금빛 로고가 경관을 망칠 것을 걱정했다는 내용이므로, 맥도날드가 Sedona의 자연경관과 잘 어울리는 색의 로고를 사용하기로 했다는 내용 앞인 ④에 오는 것이 자연스럽다.

2 7~9행 참고

구문해설

2행 Most people easily recognize the company's logo: two golden arches [**shaped** like a big "M"].

• shaped 이하는 two golden arches를 꾸며 주는 과거분사구

7행 So McDonald's agreed to use a color [**that** better fits the natural landscape].

• that 이하는 선행사 a color를 꾸며 주는 주격 관계대명사절

11행 Today, tourists often visit the Sedona McDonald's just **to see** its unique sign.

• to see: '~하기 위해'라는 의미의 목적을 나타내는 to부정사의 부사적 용법

---

03 p.90 **1** ② **2** ③ **3** (A) ⓑ (B) ⓒ (C) ⓐ **4** donate

본문해석

우리가 훌륭한 영화를 만들 수 있도록 도와주세요!

훌륭한 영화를 만들기 위해서는 재미있는 이야기와 재능 있는 배우들이 필요합니다. 다행히 우리에게는 그것들이 있습니다! 또한 많은 돈이 필요합니다. 불행하게도, 우리에게는 돈이 없습니다! 그것이 우리가 이 크라우드 펀딩 페이지를 시작한 이유입니다. 크라우드 펀딩은 자금을 모으는 한 가지 방법입니다. 수천 달러씩 기부하는 소수의 사람들 대신, 수천 명의 사람들이 몇 달러씩 기부하는 것이죠!

무엇에 관한 영화인가: 이 영화는 작은 마을로 이사한 한 여성에 관한 단편 영화입니다. 그녀는 많은 흥미로운 사람들을 만나고 신나는 경험을 합니다. 이것은 감동적인 이야기지만, 재미도 있습니다.

우리는 무엇이 필요한가: 우리는 크라우드 펀딩으로 모은 돈을 카메라와 조명을 대여하는 데 사용할 것입니다. 우리는 또한 제작진의 음식을 구매해야 할 것입니다.

당신은 무엇을 얻는가: 돈을 기부하는 모든 사람들은 보상을 받을 것입니다. 당신이 20달러 혹은 그보다 적게 기부한다면, 주연 배우 Ann Roberts(앤 로버츠)의 사인이 있는 사진을 받게 됩니다. 만약 그보다 많이 기부하면, 본 영화의 무료 복사본을 받을 것입니다.

문제해설

1 크라우드 펀딩을 통해 영화 제작 자금을 모으려고 기부를 요청하는 글이다.

2 크라우드 펀딩을 통해 모인 돈은 카메라와 조명을 빌리는 데 사용할 것이라고 했다.

3 (1) 영화의 내용을 소개하고 있으므로, (A)에는 '우리 영화는 무엇에 관한 것인가'가 와야 한다.
(2) 기부 받은 돈을 어디에 사용할 것인지를 설명하고 있으므로, (B)에는 '우리는 무엇이 필요한가'가 와야 한다.
(3) 기부 금액에 따라 받게 되는 혜택에 대해 설명하고 있으므로, (C)에는 '당신은 무엇을 얻는가'가 와야 한다.

4 어떤 단체에 돈이나 물품을 주다: 기부하다

구문해설

1행 **Help Us Make** a Great Movie!

• help + 목적어 + 목적격보어(동사원형[to-v]): ~가 …하는 것을 돕다

2행 **To make** a great movie, an interesting story and talented actors *are needed*.
- To make: 목적을 나타내는 to부정사의 부사적 용법
- are needed: 〈be동사 + v-ed〉 형태의 수동태

8행 **Instead of** a few people [*donating* thousands of dollars each], ...!
- instead of: ~ 대신에
- donating이 이끄는 [ ]는 a few people을 꾸며 주는 현재분사구

10행 It is a short film about a woman [**who** moves to a small town].
- who 이하는 선행사 a woman을 꾸며 주는 주격 관계대명사절

18행 ..., you will get an autographed photo of the main actor, Ann Roberts.
과거분사 =

04 p.92

1 ③ **2** ⑤ **3** explain your feelings without attacking the other person **4** express

본문해석

당신은 화를 어떻게 표현하는가? 소리를 지르거나 무언가를 때리는가? 아니면 그저 당신의 감정을 억누르는가? 많은 사람들이 화가 없는 상태가 자신의 정서 건강에 좋다고 여전히 믿는다. 하지만 사실은 그렇지 않다. 효과적인 방법으로 화를 표출하는 것이 당신의 정서 건강에 더 낫다. 가장 좋은 방법은 다른 사람을 비난하지 않는 명확한 진술로 화를 표현하는 것이다. 당신이 화가 났다는 것을 말하고 그 이유를 설명해라. 당신은 또한 다른 사람이 무엇을 하기를 원하는지 말해야 한다. 예를 들어, "나는 … 때문에 화가 나."와 "나는 네가 …해 주길 원해." 같은 것이다. 그렇게 할 때, 당신은 "너는 나를 많이 속상하게 해."와 같은 '너' 메시지를 피해야 한다. '너' 대신에 '나'라고 말하는 것은 당신이 다른 사람을 비난하지 않고 있음을 보여 준다. 이런 방식으로, 당신은 다른 사람을 공격하지 않고 당신의 기분을 설명할 수 있다. 당신은 또한 욕설이나 모욕, 그리고 '절대'나 '언제나'와 같은 말을 쓰는 것을 피해야 한다. 당신이 화를 효과적으로 표현한다면, 그것은 당신의 정서 건강뿐만 아니라 다른 사람들과 의사소통하는 능력도 향상시킬 수 있을 것이다.

문제해설

1 ① 당신의 감정을 어떻게 더 잘 억누르는가 ② 효과적인 의사소통 기술
③ 화를 어떻게 효과적으로 표현하는가 ④ 다른 사람들과 어떻게 좋은 관계를 유지하는가
⑤ 화를 내지 않아야 하는 이유
▶ 화를 효과적으로 표현하는 방법에 대해 설명하는 글이다.

2 ① 절대 다시는 그것을 하지 마. ② 넌 나를 화나게 해.
③ Tom, 너는 언제나 늦는구나. ④ 너의 태도는 항상 나빠.
⑤ 네가 나에게 사과하면 좋겠어.
▶ 화를 표현할 때 다른 사람을 비난하는 '너' 메시지나 욕설 및 모욕적인 말, '절대'나 '언제나'와 같은 말은 피하고, 다른 사람이 무엇을 해 주기를 원하는지 말하라고 했다.

3 can은 동사원형을 취하므로 express your feelings를 먼저 쓰고, 이어서 '~하지 않고'의 의미인 〈without + v-ing〉를 활용하여 without attacking the other person으로 작성한다.

4 생각이나 느낌을 말이나 행동으로 보여 주다: 표현하다

구문해설

2행 Many people still believe (**that**) *being anger-free* is good for one's emotional health.
- 동사 believe의 목적어절을 이끄는 접속사 that 생략
- being anger-free: 목적어절의 주어 역할을 하는 동명사구

4행 It **is better for** your emotional health to express anger in an effective way.
가주어 진주어
- be better for: ~에 더 좋다

5행 The best way is **to express** anger in clear statements [*that* don't blame other people].

• to express: 보어 역할을 하는 to부정사의 명사적 용법

• that 이하는 선행사 clear statements를 꾸며 주는 주격 관계대명사절

7행 You should also say **what** you want the other person to do.

• what 이하는 〈의문사 + 주어 + 동사〉 어순의 간접의문문으로, say의 목적어로 쓰임

12행 You should also **avoid name-calling, insults**, and **using** the words *never* or *always*.

• avoid + (동)명사: '~(하기)를 피하다'의 뜻으로, name-calling, insults, using은 and로 연결된 병렬 관계

14행 ..., it will improve **not only** your emotional health **but also** your ability [*to communicate* with others].

• not only A but (also) B: 'A뿐만 아니라 B도'의 의미로, A와 B에는 같은 문법 형태가 옴 (= B as well as A)

• to communicate 이하는 your ability를 꾸며 주는 to부정사의 형용사적 용법

REVIEW TEST

p.94

A

1 sail **2** apologize **3** reward **4** operation **5** statement

1 (배를) 조종하다: 배나 보트를 조종하다
2 사과하다: 누군가에게 미안하다고 말하다
3 보상: 좋은 일을 한 것에 대해 주어지는 것
4 수술: 몸을 고치기 위해 (몸을) 가르는 의료 과정
5 말, 진술: 생각이나 의견을 표현하기 위해 말해지거나 쓰여지는 것

B

1 ① **2** ④ **3** ⑤

1 남동생이 내 그림을 망쳤을까 봐 걱정된다.
2 그는 재능 있는 야구선수이다.
3 그녀는 불을 가지고 노는 것에 대해 아들에게 소리쳤다.

C

1 is famous for **2** Tens of thousands of **3** taking a trip

SECTION 10

01 p.98 **1** ② **2** ⑤

본문해석

여기 사람들의 목숨을 구한 특별한 비둘기에 관한 감동적인 이야기가 있다. 그것은 제1차 세계 대전 중에 일어났다. 그 당시에, 비둘기는 메시지를 전달하는 데 이용되었다.

(C) 큰 전투를 치르는 동안, 몇 명의 미군들이 갇혀 있었다. 그들은 도움을 요청하는 메시지와 함께 비둘기를 보내려고 노력했지만, 비둘기들은 한 마리씩 적군이 쏜 총에 맞았다.

(B) 마침내, 그들은 자신들의 마지막 비둘기인 Cher Ami(셰르 아미)를 보냈는데, 그것은 프랑스어로 '소중한 친구'를 의미한다. 다른 비둘기들처럼 Cher Ami도 총에 맞았지만, 계속 날아서 메시지를 전달했다.

(A) 비록 심하게 다치고 한 쪽 눈이 멀었지만, Cher Ami는 25분 만에 25마일을 날아서 거의 200명의 목숨을 구했다.

문제해설

1 ① 비둘기가 어떻게 의사소통하는가 ② 많은 사람들을 구한 영웅
③ 큰 전투의 이름을 딴 새 ④ 전투에서 싸우도록 훈련된 새들
⑤ 비둘기가 왜 메시지를 전달하는 데 이용되었는가

▶ 총에 맞아 상처를 입었음에도 메시지를 전달하여 200여명의 목숨을 구한 비둘기에 관한 내용의 글이다.

2 제1차 세계 대전 중에 메시지를 전달하는 데 비둘기가 이용되었다는 내용 뒤에, 포로가 된 미군이 도움을 요청하기 위해 보낸 비둘기들이 총에 맞았다는 내용인 (C)가 오고, 마지막 비둘기인 Cher Ami가 총을 맞았음에도 구조 요청 메시지를 전달했다는 내용의 (B)가 온 후, Cher Ami가 중상을 입고도 25마일을 날아가 많은 병사들의 목숨을 구했다는 내용인 (A)로 이어지는 것이 자연스럽다.

구문해설

1행 Here is a touching story about a special pigeon [**that** saved people's lives].

- that 이하는 선행사 a special pigeon을 꾸며 주는 주격 관계대명사절

4행 **At that time**, pigeons *were used to carry* messages.

- at that time: 그 때에, 그 당시에
- be used to-v: ~하는 데 사용되다

8행 Finally, they sent **their last pigeon**, **Cher Ami**, *which* means "dear friend" in French.

- their last pigeon과 Cher Ami는 동격 관계
- which 이하는 선행사 Cher Ami를 부연 설명하는 계속적 용법의 주격 관계대명사절

12행 They **tried to send** pigeons with a message [*asking* for help], ...

- try + to-v: ~하려고 노력하다 (*cf.* try + v-ing: (시험 삼아) ~해 보다)
- asking이 이끄는 [ ]는 a message를 꾸며 주는 현재분사구

02 p.99 1 ④ 2 a poison

본문해석

복어는 balloonfish, bubblefish, swellfish를 포함하여 여러 이름으로 알려져 있다. 이 이름들은 모두 그들의 가장 인상적인 특징에서 유래한 것인데, 그것은 그들이 위험에 직면했을 때 풍선처럼 자신을 부풀릴 수 있다는 것이다. 그들은 바다에 있으면 배를 물로 가득 채움으로써 이렇게 한다. 그러나 땅 위로 올려지면 공기를 가지고 똑같이 할 수 있다. 그들의 적 대부분이 이런 갑작스러운 변화에 너무 놀라서 복어는 도망칠 수 있게 된다. 그러나 적들이 여전히 공격한다면, 그들은 또 다른 불쾌한 놀라운 일을 당하게 될 것이다. 복어의 몸에는 갑자기 더 커지는 능력보다 더 강력한 방어법이 있는데, 그것은 바로 치명적일 수 있는 독이다.

문제해설

1 물 속뿐만 아니라 땅 위에서도 공기로 몸을 부풀릴 수 있다고 했다.
2 9~11행 참고

구문해설

3행 ... when they **are faced with** danger, they can blow *themselves* up like a balloon.
• be faced with: ~에 직면하다
• themselves: 주어(they)와 목적어가 일치할 때, 목적어로 재귀대명사를 씀
• like: '~처럼'이라는 의미의 전치사

5행 But if they**'re brought onto** land, they can *do the same thing* with air.
• A be brought onto B: 'A가 B 위로 옮겨지다'의 의미로, bring A onto B의 수동형
• do the same thing은 fill their stomach up을 가리킴

6행 **Most of** their enemies are *so surprised* by this sudden change *that* the blowfish are able to escape.
• Most of + 명사: ~의 대부분
• so + 형용사[부사] + that + 주어 + 동사: 너무 ~해서 …하다
• be able to-v: ~할 수 있다 (= can + 동사원형)

9행 The bodies of blowfish contain a **more powerful** defense **than** the ability [*to* suddenly *get* bigger]—a poison [that can be deadly].
• 형용사의 비교급 + than: ~보다 더 …한
• to suddenly get bigger: the ability를 꾸며 주는 to부정사의 형용사적 용법
• that 이하는 선행사 a poison을 꾸며 주는 주격 관계대명사절

03 p.100 1 ④ 2 ② 3 ③ 4 사람의 생각을 읽을 수 있는 특수한 소프트웨어

본문해석

작고 둥근 로봇이 혼잡한 사무실을 돌아다닌다. 그것은 방의 한쪽에서 다른 쪽으로 이동할 때 사람과 가구에 부딪힌다. 그것은 아주 특별한 것처럼 들리지는 않는다, 그렇지 않은가? 그러나 이 로봇은 약 100킬로미터 떨어져 있는 사람에 의해 조종되고 있다. 더욱 놀라운 점은, 그 사람은 완전히 마비되어 있다는 것이다. 그는 자신의 뇌파로 로봇을 조종하고 있다!

이 놀라운 로봇은 José del R. Millán(호세 델 R. 밀란)이라는 스위스 과학자에 의해 만들어졌다. 그것에는 실제로 사람의 생각을 읽을 수 있는 특수한 소프트웨어가 들어 있다. 사람들은 명령을 생각하기만 하면 되고, 로봇은 그것을 따르게 된다. 로봇은 물건을 집고 다른 이들과 의사소통하는 것과 같은 간단한 일을 하는 데 사용될 수 있다. 바라건대 이 기술이 마비된 사람들을 위해 생활을 더욱 수월하게 만들어 줄 것이다.

문제해설

1 ① 로봇 일꾼을 사용하는 사무실 ② 소프트웨어를 만드는 데 로봇 사용하기
③ 장거리를 이동하는 새로운 방법 ④ 생각으로 조종되는 로봇
⑤ 마비된 사람들이 다시 걷도록 돕는 로봇
▶ 멀리 떨어져 있어도 사람의 뇌파로 조종할 수 있는 로봇에 대한 내용의 글이다.
2 로봇이 이동할 수 있는 최대 주행 거리에 대해서는 언급되지 않았다.
3 amazed robot은 '놀란 로봇'이라는 의미가 되어 문맥상 적절하지 않으므로, '놀라운'이라는 뜻의 amazing이 와야 한다.
4 8~9행 참고

구문해설

1행 It bumps into people and furniture **as** it travels *from* one side of the room *to* the other (side of the room).
- as: '~할 때'라는 뜻으로, '때'를 나타내는 접속사
- from A to B: A부터 B까지
- the other 뒤에 반복을 피하기 위해 side of the room이 생략됨

3행 It doesn't **sound** very **special**, *does it*?
- sound(감각동사) + 형용사(보어): ~처럼 들리다
- do[did] + 주어?: 일반동사가 쓰인 문장의 부가의문문으로, 여기서는 주절이 일반동사의 부정문이므로 긍정문 형태로 쓰임

3행 But this robot **is being controlled** by a man [*who* is about 100 kilometers away].
- be동사 + being v-ed: 진행형 수동태 (~되고 있다)
- who 이하는 선행사 a man을 꾸며 주는 주격 관계대명사절

5행 **Even** more surprising, the man is completely paralyzed.
- even: '훨씬'이라는 의미로, 비교급(more surprising)을 강조하는 부사

10행 It can be used to do simple tasks, **such as** *picking* up objects and *communicating* with others.
- such as: ~와 같은
- 동명사 picking과 communicating이 and로 연결된 병렬 관계

04 p.102 1 ② 2 ④ 3 ④ 4 squeeze, wrap, curved, pressure

본문해석

대부분의 사람들은 달걀이 쉽게 깨진다고 생각하지만, 사실 달걀은 아주 강하다. 당신이 동의하지 않는다면, 집게손가락과 엄지손가락 사이에 두고 달걀을 잡아 보아라. 집게손가락을 달걀의 맨 위에 놓고 엄지손가락을 맨 아래에 두어라. 당신이 아무리 세게 쥐어도, 달걀은 깨지지 않을 것이다! (C) 다음으로, 달걀을 손 가운데에 놓고 그 주위를 손가락으로 감싸라. (A) 달걀 전체를 쥔다면 그것은 깨지지 않을 것이다. (B) 그러나 한쪽만 누르면 아마도 달걀은 깨질 것이다. 난장판을 치우고 싶지 않다면 이것을 시도하지 마라!

그렇다면 무엇이 달걀을 그렇게 강하게 만드는 것일까? 비밀은 그것의 곡선 모양이다. 그것은 내구력 때문에 건물에 자주 사용되는 모양인 아치와 비슷하다. 달걀은 맨 위와 맨 아래 부분에서 가장 강하다. 그리고 곡선으로 되어 있기 때문에, 압력이 달걀의 전체 표면으로 분산된다. 그러나 그 압력이 한 지점에 집중되면, 달걀은 더 쉽게 깨질 것이다. 그래서 요리사들이 달걀로 요리하려고 할 때 그릇의 한쪽에 달걀을 치는 것이다.

문제해설

1 ① 어떻게 달걀을 안전하게 쥐는가 ② 왜 달걀은 아주 강한가
③ 달걀을 요리하는 새로운 방법들 ④ 달걀은 왜 곡선 모양을 가지고 있는가
⑤ 달걀 노른자를 어떻게 깨뜨리지 않는가
▶ 달걀이 쉽게 깨지지 않는 이유를 설명하는 글이다.

2 '아무리 ~가 …해도'는 〈No matter how + 형용사[부사] + 주어 + 동사〉 어순으로 쓴다.

3 달걀을 깨지지 않게 쥐는 또 다른 방법으로 달걀을 손 가운데에 놓고 손가락으로 감싸라는 내용인 (C)가 오고, 달걀 전체를 쥐면 그것은 깨지지 않을 것이라는 내용의 (A)가 온 후, 하지만 한쪽만 누르면 달걀이 깨질 것이라는 내용의 (B)로 이어지는 것이 자연스럽다.

4 달걀의 맨 위와 아래를 쥐거나 손가락으로 그 주위를 감싸면 달걀을 깨뜨릴 수 없다. 이는 달걀의 곡선 모양이 (달걀) 표면 전체에 압력이 분산되도록 돕기 때문이다.

구문해설

8행 **Unless** you want to clean up a mess, don't try this!
- unless: if ~ not의 의미 (Unless you want to clean up a mess = If you don't want to clean up a mess)

9행 So **what makes** eggs so strong?
- what은 의문사이면서 주어 역할을 하고, 단수 취급하여 동사로 makes가 쓰임

10행 It is similar to **an arch**, **a shape** [*often used* in buildings because of its strength].
- an arch와 a shape는 동격 관계
- often used 이하는 a shape를 꾸며 주는 과거분사구이며, often은 used를 꾸며 주는 부사

13행 However, when that pressure **is focused on** one spot, the egg *is more likely to break*.
- A be focused on B: 'A가 B에 집중되다'의 의미로, focus A on B의 수동형
- be (more) likely to-v: (더) ~할 것 같다

REVIEW TEST

p.104

A 1 poison 2 press 3 deadly 4 task 5 blind

1 독: 먹거나 만졌을 때 해를 입히거나 죽일 수 있는 것 2 누르다: 무언가를 강하고 꾸준한 방식으로 밀다
3 치명적인: 죽음을 초래하거나 그럴 가능성이 있는 4 일, 과업: 수행되어야 하는 일의 일부분
5 눈이 멀게 만들다: 무언가 또는 누군가가 볼 수 없게 만들다

B 1 ⑤ 2 ⑤ 3 ②

1 그 책은 아름다운 종이에 싸여 있었다. 2 갑작스러운 소음이 나를 놀라게 했다.
3 당신은 그의 명령에 따라야 한다.

C 1 am faced with 2 communicate with 3 bumped into

기초부터 내신까지 중학 독해 완성

1316 READING LEVEL 3

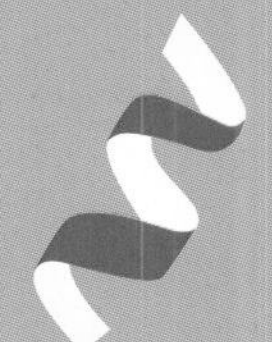

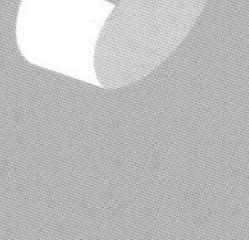

기초부터 내신까지 중학 독해 완성

1316

1316 READING

WORKBOOK

LEVEL 3

Section 1 01

본책 p. 8 이름 ______

A 영어 단어에는 우리말 뜻을, 우리말 뜻에는 영어 단어를 쓰시오.

01 tip ______

02 purchase ______

03 sealed ______

04 leak out ______

05 ballpoint pen ______

06 container ______

07 space mission ______

08 ______ 걸쭉한

09 ______ 해결하다

10 ______ 중력

11 ______ 떠가다, 떠돌다

12 ______ 우주선

13 ______ 우주 비행사

14 ______ (부정문에서) ~도 (역시)

B 굵게 표시된 부분에 유의하여 우리말 문장을 완성하시오.

01 That's because they need gravity **to make the ink flow onto the paper**.

______ 그것들은 중력을 필요로 하기 때문이다.

02 In 1965, a man invented a pen **that didn't need gravity to work**.

1965년, 한 남자가 ______ 펜을 발명했다.

03 To solve this problem, he **made the ink thicker**.

이 문제를 해결하기 위해 그는 ______.

04 This **allowed the pen to be used** in space or even underwater.

이것은 ______ 우주나 심지어 물속에서도 ______.

05 After NASA started using the pen, Fisher **named it the Space Pen**.

NASA가 그 펜을 사용하기 시작한 후에, Fisher는 ______.

06 It **has been used** on many space missions.

그것은 많은 우주에서의 임무에 ______.

07 Now it **can be purchased by anyone**.

이제 그것은 ______.

Section 1 02

본책 p. 9 이름 ____________

A

영어 단어에는 우리말 뜻을, 우리말 뜻에는 영어 단어를 쓰시오.

01 so-called ____________
02 bacteria ____________
03 place ____________
04 expose ____________
05 find out ____________
06 accidentally ____________
07 myth ____________
08 ____________ (시간 단위) 초
09 ____________ 법칙
10 ____________ 요인, 요소
11 ____________ (입으로) 불다
12 ____________ (시간 등의) 길이, 기간
13 ____________ 식중독

B

굵게 표시된 부분에 유의하여 우리말 문장을 완성하시오.

01 **Have you ever eaten food** that you accidentally dropped on the floor?
당신이 뜻하지 않게 바닥에 떨어뜨린 ____________?

02 Some people believe that they can make food clean **by just blowing on it**.
어떤 사람들은 ____________ 그 음식을 깨끗하게 할 수 있다고 믿는다.

03 Food **is safe to eat** if it has been on the floor for less than five seconds.
음식이 바닥에 5초 미만으로 떨어져 있었으면 ____________.

04 **To find out**, a scientist placed some bread on a dirty floor.
____________ 한 과학자가 더러운 바닥에 빵을 놓아두었다.

05 Time is not an important factor **when food is exposed to bacteria**.
____________ 시간은 중요한 요인이 아니다.

06 The moment this happens, food **can become unsafe to eat**.
이런 일이 일어난 순간, 음식은 ____________.

Section 1 03

본책 p. 10　　이름

A 주어진 우리말과 같은 뜻이 되도록 빈칸에 알맞은 말을 | 보기 |에서 골라 쓰시오. (필요시 형태 바꾸기)

| 보기 | notice　subject　emotion　control　right-handed

01 당신은 대부분의 초상화가 인물의 얼굴 왼쪽 면을 보여 주고 있다는 점을 알아차리게 될 것이다.

You will __________ that most portraits show the left side of the person's face.

02 뇌의 오른쪽 부분은 신체의 왼쪽 부분을 통제한다.

The right side of the brain __________ the left side of the body.

03 얼굴의 왼쪽 면은 더 많은 감정을 보여 준다.

The left side of the face shows more __________.

04 또 다른 이유는 대부분의 화가들이 오른손잡이라는 것이다.

Another reason is that most painters are __________.

05 그것은 그들이 대상의 왼쪽 면을 그리는 것을 더 쉽게 만든다.

That makes it easier for them to draw the left side of a(n) __________.

B 우리말 문장을 보고 주어진 영어 단어를 이용하여 문장을 완성하시오.

01 다음번에 당신이 박물관에 있을 때, 초상화를 아주 주의 깊게 살펴보아라. (next)

__________ __________ __________ you are at a museum, look at the portraits very carefully.

02 그것은 뇌가 사람의 외모에 어떻게 영향을 미치는지와 관련이 있다. (influence)

It's connected with __________ __________ __________ __________ the appearance of people.

03 인간의 감정은 뇌의 오른쪽 부분에 의해 통제된다. (control)

Human emotions __________ __________ __________ the right side of the brain.

04 사람들은 그들의 왼쪽 면이 보여질 때 더 나아 보인다. (look)

__________ __________ __________ when their left side is shown.

05 반드시 당신 얼굴의 왼쪽 면을 보여 주도록 해라. (sure)

__________ __________ __________ show the left side of your face.

Section 1 04

본책 p. 12　　이름 ____________

A 주어진 우리말과 같은 뜻이 되도록 빈칸에 알맞은 말을 | 보기 |에서 골라 쓰시오. (필요시 형태 바꾸기)

	보기		lose	give up	success	clearly	invest

01 누구도 포기하는 것을 좋아하지 않는다.

Nobody likes to __________.

02 성공의 희망이 없다.

There is no hope of __________.

03 그들은 모든 시간, 돈, 또는 노력을 잃고 싶어 하지 않는다.

They don't want to __________ all of the time, money, or effort.

04 그 프로젝트는 명백히 실수였다.

The project was __________ a mistake.

05 사람들은 (이미) 많은 돈을 투자해 왔다.

People had __________ lots of money.

B 우리말 문장을 보고 주어진 영어 단어를 이용하여 문장을 완성하시오.

01 우리는 계속 노력하라고 반복해서 듣는다. (keep)

We are told again and again __________ __________ __________.

02 이것은 매몰 비용의 오류로 알려져 있다. (know)

This __________ __________ __________ the sunk-cost fallacy.

03 콩코드는 1960년대에 프랑스와 영국에 의해 만들어진 비행기이다. (airplane, build)

The Concorde was __________ __________ __________ __________ the 1960s by France and Britain.

04 마침내, 그들은 그것에 자금을 대는 것을 중단하기로 결정했다. (stop, fund)

Finally, they __________ __________ __________ __________ __________.

05 그들이 언제 그만둘지를 알았더라면 더 좋았을 것이다. (know, quit)

It would have been better if they __________ __________ __________ __________ __________.

Section 2 01

본책 p. 18 이름 ______

A 영어 단어에는 우리말 뜻을, 우리말 뜻에는 영어 단어를 쓰시오.

01 unusual ______
02 rock ______
03 landmark ______
04 imagine ______
05 strange ______
06 resemble ______
07 feature ______
08 shape ______
09 ______ 나타내다, 상징하다
10 ______ 프라하 (체코의 수도)
11 ______ 건축가
12 ______ (좌우 절반 중 한) 쪽, 측
13 ______ 동전
14 ______ 완성하다
15 ______ 체코의
16 ______ B의 이름을 따서 A의 이름을 짓다

B 굵게 표시된 부분에 유의하여 우리말 문장을 완성하시오.

01 There is a building **called the Dancing House** in Prague.
프라하에는 ______ 건물이 있다.

02 It **was designed by** Vlado Milunić and Frank Gehry.
이것은 Vlado Milunić와 Frank Gehry에 ______.

03 The building's unusual shape resembles **a woman and a man dancing together**.
이 건물의 특이한 모양은 ______ 닮았다.

04 The building **was first named Ginger and Fred, after** famous two dancers.
그 건물은 처음에 두 유명한 댄서의 이름______.

05 Over the years, the Dancing House **has become a Prague landmark**.
세월이 흐르면서 the Dancing House는 ______.

06 Its shape **is even featured on a Czech coin**!
그것의 외형은 심지어 ______!

Section 2 02

본책 p. 19　　이름 ______

A 영어 단어에는 우리말 뜻을, 우리말 뜻에는 영어 단어를 쓰시오.

01 male ______
02 reptile ______
03 receive ______
04 feature ______
05 webbed ______
06 otter ______
07 unique ______
08 zoologist ______
09 venom ______
10 ______ 먹이를 주다
11 ______ (알을) 낳다
12 ______ 단서
13 ______ 깨닫다, 알아차리다
14 ______ (동물의) 털
15 ______ 포유류
16 ______ 분류하다
17 ______ (새의) 부리
18 ______ 진화하다

B 굵게 표시된 부분에 유의하여 우리말 문장을 완성하시오.

01 George Shaw **was a zoologist working at** Britain's Natural History Museum.
George Shaw는 영국 자연사 박물관 ______.

02 He **began to realize** it was a real animal—the platypus.
그는 그것이 오리너구리라는 진짜 동물이라는 것을 ______.

03 It **lays eggs like birds or reptiles**.
그것은 ______.

04 Shaw classified it **as a special kind of mammal that lays eggs**.
Shaw는 그것을 ______ 분류했다.

05 Scientists **continue to study** the platypus today.
오늘날에도 과학자들은 오리너구리를 ______.

06 It can provide clues **about how mammals evolved from reptiles**.
그것이 ______ 단서를 제공할 수 있다.

Section 2 03

본책 p. 20 이름

A

주어진 우리말과 같은 뜻이 되도록 빈칸에 알맞은 말을 | 보기 |에서 골라 쓰시오. (필요시 형태 바꾸기)

| 보기 | public nearly probably inaccurate organization

01 첫 번째 것은 아마도 익숙해 보인다.

The first one __________ looks familiar.

02 전 세계 대부분의 학교와 기관들이 첫 번째 것을 사용한다.

Most schools and __________ around the world use the first one.

03 보스턴의 공립 학교들은 이제 두 번째 것을 사용한다.

__________ schools in Boston now use the second one.

04 그 지도는 거의 500년 전에 만들어졌다.

The map was created __________ 500 years ago.

05 비록 대륙들의 모양이 정확하지 않지만, 그 크기는 정확하다.

Although the shape of the continents is __________, their size is correct.

B

우리말 문장을 보고 주어진 영어 단어를 이용하여 문장을 완성하시오.

01 둘 중 어느 지도도 완전히 정확하지 않다. (neither)

__________ __________ __________ completely accurate.

02 그 당시 유럽은 아주 강력했다. (very powerful, time)

Europe __________ __________ __________ __________ __________ __________.

03 두 번째 지도는 1800년대 후반에 만들어졌다. (make)

The second map __________ __________ __________ the late 1800s.

04 유럽이 더 이상 중앙에 있지 않다. (longer)

Europe __________ __________ __________ in the center.

05 이 지도가 그들의 학생들에게 세계에 대한 새로운 시각을 제공한다. (offer, view)

This map __________ __________ __________ __________ __________

__________ of the world.

본책 p. 22 이름

A

주어진 우리말과 같은 뜻이 되도록 빈칸에 알맞은 말을 | 보기 |에서 골라 쓰시오. (필요시 형태 바꾸기)

| 보기 | rival unite overcome impress disappear

01 그의 목표는 일본을 통일하는 것이었다.

His goal was to __________ Japan.

02 Nobunaga는 Yasuke에게 깊은 인상을 받았다.

Nobunaga was __________ by Yasuke.

03 Nobunaga가 죽은 후, Yasuke는 사라졌다.

After Nobunaga's death, Yasuke __________.

04 Nobunaga는 그의 경쟁자들에 의해 살해당했다.

Nobunaga was killed by his __________.

05 Yasuke는 외국에서 편견을 극복했다.

Yasuke __________ prejudice in a foreign country.

B

우리말 문장을 보고 주어진 영어 단어를 이용하여 문장을 완성하시오.

01 몇몇 지도자들이 가장 강력한 자가 되기 위해 싸우고 있었다. (become)

Several leaders __________ __________ __________ __________ the most powerful.

02 그는 대부분의 일본 남자들보다 30센티미터나 더 컸다. (tall)

He was __________ __________ __________ __________ most Japanese men.

03 그는 그를 자신의 개인 호위무사로 만들었다. (personal bodyguard)

He __________ __________ __________ __________ __________.

04 아무도 그에게 무슨 일이 일어났는지 모른다. (happen)

Nobody knows __________ __________ __________ __________.

05 사람들은 그들의 외모에 근거해 판단되어서는 안 된다. (judge, based)

People should not __________ __________ __________ __________ their appearance.

Section 3 01

본책 p. 28 이름

A 영어 단어에는 우리말 뜻을, 우리말 뜻에는 영어 단어를 쓰시오.

01 seat belt	________	09 ________	고르게, 균등하게
02 thrilling	________	10 ________	중력
03 inner	________	11 ________	동의하다
04 scary	________	12 ________	개별적으로, 각각 따로
05 pull	________	13 ________	가라앉다
06 secure	________	14 ________	(바람에) 날리다
07 normally	________	15 ________	놀이기구
08 amusement park	________	16 ________	거꾸로, 뒤집혀

B 굵게 표시된 부분에 유의하여 우리말 문장을 완성하시오.

01 Many people **are likely to answer**, "The roller coaster!"

많은 사람들이 아마 "롤러코스터예요!"라고 ________________.

02 When you suddenly fall, gravity **affects each part differently**.

당신이 갑자기 떨어질 때, 중력은 ________________.

03 **Even though you are secured by a seat belt**, the inner parts of your body aren't.

________________, 내부 장기들은 그렇지 않다.

04 This is **what gives you** that funny sinking feeling in your belly.

이것이 당신 복부에 그런 재미있게 가라앉는 느낌을 ________________이다.

05 Still, people love riding on a rollercoaster **with their hair blowing in the wind**.

그래도 사람들은 ________________ 롤러코스터 타는 것을 매우 좋아한다.

06 If you **are brave enough to keep your eyes open**, it can be even more thrilling!

만약 당신이 ________________, 그것은 훨씬 더 신날 수 있다!

Section 3 02

본책 p. 29 이름 ______________________

A 영어 단어에는 우리말 뜻을, 우리말 뜻에는 영어 단어를 쓰시오.

01 featherless	______________	08 ______________	방출하다
02 along	______________	09 ______________	부리
03 area	______________	10 ______________	습한
04 per	______________	11 ______________	피하다
05 run	______________	12 ______________	~까지
06 Pacific	______________	13 ______________	(물·공기의) 흐름, 해류
07 be named after	______________	14 ______________	(상황 등을) 다루다

B 굵게 표시된 부분에 유의하여 우리말 문장을 완성하시오.

01 Humboldt penguins **are named after** the Humboldt Current.

Humboldt 펭귄은 Humboldt 해류______________________________.

02 It is a cold sea current **that runs along the Pacific coast of South America**.

그것은 ______________________________ 차가운 해류이다.

03 The penguins swim in this current **to hunt for food**.

그 펭귄들은 ______________________________ 이 해류에서 헤엄을 친다.

04 They can swim **up to thirty miles per hour**!

그들은 ______________________________ 헤엄칠 수 있다!

05 When they are not swimming, they **have another way to handle the heat**.

헤엄치지 않을 때, 그들은 ______________________________.

06 These areas help **the penguins release body heat**!

이 부위는 ______________________________ 도와준다!

Section 3 03

본책 p. 30　　이름

A

주어진 우리말과 같은 뜻이 되도록 빈칸에 알맞은 말을 | 보기 |에서 골라 쓰시오. (필요시 형태 바꾸기)

| 보기 | publisher　lawyer　publish　overnight　attention

01 그는 낮에는 변호사로 일했다.

He worked as a(n) __________ during the day.

02 80개의 출판사들이 그 책을 거절했다.

Eighty __________ turned the book down.

03 2012년에 그것이 마침내 출판되었다.

It was finally __________ in 2012.

04 불행하게도 처음에 그의 책은 많은 주목을 받지 못했다.

Unfortunately, his book didn't get much __________ at first.

05 10년 뒤, 모든 것이 하룻밤 사이에 바뀌었다.

10 years later, everything changed __________.

B

우리말 문장을 보고 주어진 영어 단어를 이용하여 문장을 완성하시오.

01 Richards는 그의 첫 번째 책을 쓰느라 밤늦게까지 깨어 있었다. (stay up, write)

Richards __________ __________ __________ __________ his first book.

02 그의 딸이 틱톡에 그 책을 홍보하는 동영상을 게시했다. (promote)

His daughter posted a video __________ __________ __________ on TikTok.

03 틱톡은 세계에서 가장 인기 있는 앱들 중 하나이다. (the world's, popular, app)

TikTok is __________ __________ __________ __________ __________
__________ __________.

04 그 동영상은 그가 어떻게 자신의 역할들을 수행했는지 보여 주었다. (perform, role)

The video showed __________ __________ __________ __________ __________.

05 그의 노력은 마침내 보상받았다. (finally, reward)

His hard work __________ __________ __________.

본책 p. 32 이름

A 주어진 우리말과 같은 뜻이 되도록 빈칸에 알맞은 말을 | 보기 |에서 골라 쓰시오. (필요시 형태 바꾸기)

	보기		waste	refuse	holder	phrase	accept

01 왜 'rain check'가 누군가의 초대를 거절하는 데 사용되는가?

Why is *rain check* used to __________ someone's invitation?

02 지금은 당신이 그 제안을 받아들일 수 없지만, 미래에는 받아들일 것이다.

Although you can't __________ the offer now, you will in the future.

03 그 어구는 미국 야구에서 나온 것이다.

The __________ comes from American baseball.

04 이런 일이 발생했을 때 팀은 표 소지자들에게 우천 교환권(rain check)을 주었다.

When this happened, teams gave ticket __________ a rain check.

05 그들은 자신의 시간이나 돈을 낭비했다고 느끼지 않았다.

They didn't feel like they __________ their time and money.

B 우리말 문장을 보고 주어진 영어 단어를 이용하여 문장을 완성하시오.

01 당신은 어떻게 다른 날에 저녁 먹는 것을 제안할 수 있을까? (offer, have)

How can you __________ __________ __________ dinner on a different day?

02 사람들은 흔히 경기를 보기 위해 티켓들을 산다. (buy, watch)

People __________ __________ __________ __________ __________ the game.

03 대부분의 야구 경기는 폭우 때문에 취소되거나 지연될 수 있다. (cancel, delay)

Most baseball games __________ __________ __________ __________ __________ because of heavy rain.

04 'rain check'라는 어구는 미래 행사에 대한 입장권처럼 사용된다. (use, ticket)

The phrase *rain check* __________ __________ __________ __________ __________ to a future event.

05 그들은 나중에 그것을 받아들이기로 약속하고 있는 것이다. (promise, accept)

They're __________ __________ __________ it later.

Section 4 01

본책 p. 38 이름

A 영어 단어에는 우리말 뜻을, 우리말 뜻에는 영어 단어를 쓰시오.

01 kill ____________
02 request ____________
03 real ____________
04 illegally ____________
05 nearby ____________
06 robotic ____________
07 agree ____________
08 thanks to ____________
09 remote control ____________

10 ____________ 성공
11 ____________ 불법의
12 ____________ 사냥꾼
13 ____________ 체포하다
14 ____________ 숨다
15 ____________ 전시하다
16 ____________ 지금까지
17 ____________ (총 등을) 쏘다

B 굵게 표시된 부분에 유의하여 우리말 문장을 완성하시오.

01 The police **wanted to use** a stuffed deer **to catch** them.

경찰은 그들을 ____________ 박제된 사슴을 ____________.

02 They **asked Wolslegel to make** a robotic deer.

그들은 ____________ 로봇 사슴을 ____________.

03 Their ears, tails, and legs **can be moved by remote control.**

그들의 귀와 꼬리, 다리는 ____________.

04 This **makes illegal hunters think** that they are real.

이것은 ____________ 그것들을 진짜라고 ____________.

05 **Police officers hiding nearby** can arrest them.

____________ 그들을 체포할 수 있다.

06 So far, more than 200 illegal hunters **have been caught**.

지금까지 200명이 넘는 밀렵꾼들이 ____________.

Section 4 02

본책 p. 39 이름

A

영어 단어에는 우리말 뜻을, 우리말 뜻에는 영어 단어를 쓰시오.

01 alcohol	______	10 ______	결론을 내리다
02 liquid	______	11 ______	과정
03 spirit	______	12 ______	독살하다; 독
04 alcoholic	______	13 ______	하인
05 regain	______	14 ______	참다
06 evil	______	15 ______	저장하다
07 basement	______	16 ______	수확하다
08 close off	______	17 ______	퍼뜨리다
09 break down into	______		

B

굵게 표시된 부분에 유의하여 우리말 문장을 완성하시오.

01 He **had his servants harvest grapes**.

그는 ______________________________.

02 People didn't know about the process **that turns fruit into alcohol**.

사람들은 ______________________________ 과정에 대해 알지 못했다.

03 They believed evil spirits in the basement **were trying to poison the king**.

그들은 지하실에 있는 악한 영혼들이 ______________________________ 믿었다.

04 She **decided to take the "poison"** in the basement to kill herself.

그녀는 스스로 목숨을 끊기 위해 지하실에 있는 ______________________________.

05 **After eating the grapes**, she didn't die.

______________________________, 그녀는 죽지 않았다.

06 The queen concluded that **what she ate was a good thing**.

왕비는 ______________________________ 결론을 내렸다.

Section 4 03

본책 p. 40 이름

A 주어진 우리말과 같은 뜻이 되도록 빈칸에 알맞은 말을 | 보기 |에서 골라 쓰시오. (필요시 형태 바꾸기)

| 보기 | along invade soldier barrier strengthen

01 마지노선은 프랑스와 독일의 국경을 따라 지어졌다.

The Maginot Line was built __________ the French-German border.

02 그것에는 군인들을 주변으로 이동시키기 위한 지하 열차도 있었다.

It had an underground train for moving __________ around.

03 그것은 독일과의 국경에는 강화되었다.

It was __________ on the border with Germany.

04 프랑스와 벨기에 사이의 울창한 숲이 자연적인 장벽 역할을 할 것이다.

The thick forest between France and Belgium would act as a natural __________.

05 독일군은 벨기에를 침략하여 숲을 가로질러 행군하였다.

The German army __________ Belgium and marched through the forest.

B 우리말 문장을 보고 주어진 영어 단어를 이용하여 문장을 완성하시오.

01 그것의 목적은 독일의 공격으로부터 프랑스를 보호하는 것이었다. (protect)

Its purpose was __________ __________ __________ __________ German attacks.

02 그것은 André Maginot의 이름을 따서 지어졌다. (name)

__________ __________ __________ __________ André Maginot.

03 그 방어선은 건설하기에 비쌌다. (build)

The line __________ __________ __________ __________.

04 그것은 콘크리트와 5,500만 톤의 강철로 만들어졌다. (make, concrete)

It __________ __________ __________ __________ and 55 million tons of steel.

05 그 문구는 거짓된 안도감을 주는 무언가를 묘사하는 데 사용된다. (use, describe)

The phrase __________ __________ __________ __________ something that provides a false sense of security.

Section 4 04

본책 p. 42　　　이름 ____________

A 주어진 우리말과 같은 뜻이 되도록 빈칸에 알맞은 말을 | 보기 |에서 골라 쓰시오. (필요시 형태 바꾸기)

	보기		adapt	forward	compete	similar	constantly

01 전 달리고 있는데도 왜 앞으로 나아갈 수 없는 걸까요?

Why can't I move __________ even though I'm running?

02 우리의 세상은 Alice의 '이상한 나라'의 세상과 비슷하다.

Our world is __________ to Alice's world of Wonderland.

03 동식물 종은 살아남기 위해 끊임없이 진화해야 한다.

Animal and plant species must __________ evolve to survive.

04 이는 그들이 서로 경쟁하기 때문이다.

This is because they __________ with each other.

05 한 종이 환경에 적응한다.

One species __________ to the environment.

B 우리말 문장을 보고 주어진 영어 단어를 이용하여 문장을 완성하시오.

01 지금보다 두 배만큼 더 빨리 달려야 해. (twice, fast)

You have to run __________ __________ __________ __________ you are now.

02 그들은 날 수 있는 튼튼한 날개를 발달시킬 필요가 없었다. (need, develop)

They __________ __________ __________ __________ strong wings to fly.

03 그것들은 사냥하기 쉬웠다. (easy, hunt)

They __________ __________ __________ __________.

04 영양은 빠른 치타에 맞서 살아남기 위해 변화했다. (order, survive)

Antelopes changed __________ __________ __________ __________ against speedy cheetahs.

05 그들은 매우 빠르게 달리는 것을 배웠다. (learn)

They __________ __________ __________ extremely fast.

Section 5 01

본책 p. 48　　　이름

A 영어 단어에는 우리말 뜻을, 우리말 뜻에는 영어 단어를 쓰시오.

01	much	________	08	________	긴급[비상] 사태
02	regain	________	09	________	균형 잡힌
03	packet	________	10	________	위기
04	die from	________	11	________	식사, 식습관
05	give out	________	12	________	혼합물
06	serious	________	13	________	굶주림, 기아
07	medicine	________	14	________	조직, 단체

B 굵게 표시된 부분에 유의하여 우리말 문장을 완성하시오.

01 Around the world, a child **dies from hunger every few seconds**.

전 세계적으로 한 명의 아이가 ________________________________.

02 This small product **may not sound like much**.

이 작은 제품은 ________________________________.

03 Plumpy'Nut can **help hungry children add weight quickly**.

Plumpy'Nut은 ________________________________ 수 있다.

04 A balanced diet is needed **to keep the body and mind working well**.

균형 잡힌 식사는 ________________________________ 필요하다.

05 Plumpy'Nut was a big help **to children who were sick and hungry**.

Plumpy'Nut은 ________________________________ 큰 도움이 되었다.

06 Many organizations **are buying and giving out** the product to save lives.

많은 단체들이 생명을 구하기 위해 이 제품을 ________________________________.

Section 5 02

본책 p. 49 이름 ____________

A

영어 단어에는 우리말 뜻을, 우리말 뜻에는 영어 단어를 쓰시오.

01 vision ____________

02 possible ____________

03 pump ____________

04 eye chart ____________

05 put on ____________

06 recycle ____________

07 ____________ 장비, 용품

08 ____________ 분배하다, 나누어 주다

09 ____________ 발명(품)

10 ____________ 액체

11 ____________ (두 부분이 하나를 이루는) 한 벌, 한 쌍

B

굵게 표시된 부분에 유의하여 우리말 문장을 완성하시오.

01 It is possible **to get a perfect pair of glasses** without any doctors.

의사 없이도 ______________________________ 가능하다.

02 Adspecs **is a pair of glasses filled with liquid**.

Adspecs는 ______________________________.

03 You **begin pumping** clear oil into the lenses of the glasses.

당신은 안경의 렌즈 안으로 투명한 기름을 ______________________________.

04 Now the glasses **are ready to wear**!

이제 안경은 ______________________________!

05 **An organization called Global Vision 2020** is distributing Adspecs.

______________________________ Adspecs를 배포하고 있다.

06 They hope **to help poor children live better lives** with perfect vision.

그들은 ______________ 완벽한 시력으로 ______________ 바란다.

Section 5 03

본책 p. 50　　이름

A

주어진 우리말과 같은 뜻이 되도록 빈칸에 알맞은 말을 | 보기 |에서 골라 쓰시오. (필요시 형태 바꾸기)

	보기		label	afterward	share	spread	compete

01 많은 사람들이 그것을 소셜 미디어 사이트를 통해 공유한다.

Many people __________ it through social media sites.

02 Donald Trump와 Hillary Clinton이 대통령직을 두고 경쟁했다.

Donald Trump and Hillary Clinton __________ for the presidency.

03 Clinton에 관한 가짜 뉴스가 인터넷에 널리 퍼졌다.

Fake news about Clinton __________ widely on the internet.

04 나중에 많은 사람들이 인터넷 회사들을 비난했다.

__________, many people blamed internet companies.

05 그것들 중 하나는 사실이 아닌 것들에 표시를 해서 분류한다.

One of them __________ the ones that are not true.

B

우리말 문장을 보고 주어진 영어 단어를 이용하여 문장을 완성하시오.

01 가짜 뉴스는 꼭 진짜 뉴스처럼 보인다. (look, just)

Fake news __________ __________ __________ real news.

02 어떤 사람들은 독자들을 헷갈리게 만들려고 그것을 작성한다. (reader, confuse)

Some people write it in order to __________ __________ __________.

03 그 뉴스가 선거에 영향을 미쳤다. (effect)

The news __________ __________ __________ __________ the election.

04 그때 이후로, 이 회사들은 가짜 뉴스와 싸우기 위한 조치들을 취해 왔다. (take steps, fight)

Since that time, these companies __________ __________ __________ __________ __________ fake news.

05 우리는 우리가 읽는 것을 모두 믿지 않도록 주의해야 한다. (must, careful)

We __________ __________ __________ not to believe everything that we read.

본책 p. 52 이름 ______

A

주어진 우리말과 같은 뜻이 되도록 빈칸에 알맞은 말을 | 보기 |에서 골라 쓰시오. (필요시 형태 바꾸기)

| 보기 | own warmth aggressive ambassador light-hearted

01 그녀는 유엔 미국 대사였다.

She was the US __________ to the United Nations.

02 그녀는 자신이 공격적일 것임을 보여 주고자 했다.

She wanted to show that she was going to be __________.

03 온정을 표현하기 위해 그녀는 해 모양의 브로치를 착용했다.

She wore a sun-shaped brooch to express __________.

04 Albright는 모두 200개 이상의 브로치를 소장했다.

In all, Albright __________ more than 200 brooches.

05 그 브로치들은 진지한 메시지를 경쾌한 방식으로 전달했다.

The brooches sent serious messages in a(n) __________ way.

B

우리말 문장을 보고 주어진 영어 단어를 이용하여 문장을 완성하시오.

01 당신은 Madeleine Albright에 대해 들어 본 적이 있는가? (ever, hear)

__________ __________ __________ __________ of Madeleine Albright?

02 그녀는 브로치를 사용한 독특한 방식으로 알려져 있었다. (know)

She __________ __________ __________ the unique way she used brooches.

03 그녀는 특정 상황에 따라 어떤 브로치를 착용할지 고르곤 했다. (which, wear)

She would choose __________ __________ __________ __________ based on the specific situation.

04 그녀는 풍선처럼 생긴 브로치를 소장했다. (shape)

She owned a brooch __________ __________ __________ __________.

05 정치인으로서의 경력 동안, 그녀는 이 소장품을 잘 이용했다. (good, use)

During her political career, she __________ __________ __________ __________ this collection.

Section 6 01

본책 p. 58　　이름

A 영어 단어에는 우리말 뜻을, 우리말 뜻에는 영어 단어를 쓰시오.

01 huge ____________　　06 ____________ 출연하다

02 songwriter ____________　　07 ____________ 자라다, 성장하다

03 be on the show ____________　　08 ____________ 추천하다

04 mention ____________　　09 ____________ 격려하는, 자극하는

05 invite A to B ____________________

B 굵게 표시된 부분에 유의하여 우리말 문장을 완성하시오.

01 I**'ve been watching** it every week ever since.

그때부터 저는 그것을 매주 ______________________________.

02 I like that your show **is different from other music shows**.

저는 당신의 프로그램이 ______________________________이 좋아요.

03 **No one mentions** the songwriters.

____________ 작곡가에 대해서는 ______________________________.

04 I **would like to be a songwriter** when I grow up.

저는 어른이 되면 ______________________________.

05 I know **it's a lot to ask**.

전 ______________________________ 알아요.

06 **Could you invite** me to your show?

저를 당신의 프로그램에 ______________________________?

본책 p. 59 이름

A

영어 단어에는 우리말 뜻을, 우리말 뜻에는 영어 단어를 쓰시오.

01 masterpiece ______________

02 leftover ______________

03 normal ______________

04 extraordinary ______________

05 take in ______________

06 in addition to ______________

07 orchestra ______________

08 focus on ______________

09 ______________ 악기

10 ______________ 감각의

11 ______________ 호박

12 ______________ 리코더

13 ______________ 풍성한

14 ______________ 공연, 연주

15 ______________ 참여하다

16 ______________ 청중, 관중

B

굵게 표시된 부분에 유의하여 우리말 문장을 완성하시오.

01 Many parents tell their children **not to play with their food**.

많은 부모들이 아이들에게 ______________________________ 말한다.

02 Playing with food **has helped create** musical masterpieces.

음식을 가지고 노는 것이 뛰어난 음악 작품을 ______________________________.

03 They **make bass drums out of pumpkins**.

그들은 ______________________________.

04 Even their mouths and stomachs **get a chance to participate**!

심지어 그들의 입과 위까지도 ______________________________!

05 The musicians use the leftover vegetables **to make soup**.

연주자들은 ______________________________ 남은 채소를 사용한다.

06 **Isn't that more fun than** a normal concert?

일반적인 음악회______________________________?

Section 6 03

본책 p. 60 이름

A 주어진 우리말과 같은 뜻이 되도록 빈칸에 알맞은 말을 | 보기 |에서 골라 쓰시오. (필요시 형태 바꾸기)

| 보기 | fart emission controversy international collect

01 Simón Bolívar(시몬 볼리바르) 국제 공항에 '호흡세'가 있다.

There is a "breathing tax" in Simón Bolívar __________ Airport.

02 어떤 나라에는 '방귀세'가 있다.

Some countries have a(n) "__________ tax."

03 그것은 모든 승객들로부터 징수된다.

It is __________ from all passengers.

04 농부들은 메탄 가스 배출물들에 대한 세금을 지불해야 한다.

Farmers must pay the tax for methane gas __________.

05 이런 세금들에는 논란이 좀 있다.

There is some __________ over these taxes.

B 우리말 문장을 보고 주어진 영어 단어를 이용하여 문장을 완성하시오.

01 많은 다양한 종류의 세금이 있다. (different)

There are __________ __________ __________ __________ taxes.

02 어떤 나라에서는 건강에 좋지 않은 음식들에 '비만세'가 부과된다. (add, unhealthy)

In some countries, a "fat tax" __________ __________ __________ __________ __________.

03 그것의 목적은 사람들이 더 건강한 음식들을 먹도록 권장하는 것이다. (encourage, eat)

The aim of it is __________ __________ __________ __________ __________ healthier foods.

04 메탄가스는 지구 온난화에 기여한다. (contribute, global warming)

Methane gas __________ __________ __________ __________.

05 방귀세는 환경을 보호하기 위해 고안되었다. (design, protect)

The fart tax __________ __________ __________ __________ the environment.

Section 6 04

본책 p. 62 이름

A 주어진 우리말과 같은 뜻이 되도록 빈칸에 알맞은 말을 | 보기 |에서 골라 쓰시오. (필요시 형태 바꾸기)

	보기		tidy	messy	target	sharply	careless

01 만약 당신의 집에 깨진 유리창이 있다면 도둑들은 그 집이 쉬운 목표물이라고 생각할 것이다.

If your house has a broken window, thieves will think it is an easy __________.

02 단정한 집들은 도둑들로 하여금 그 주인들이 집 관리를 잘한다고 생각하게 한다.

__________ houses make thieves think their owners take good care of them.

03 그들은 그 주인들이 부주의하다고 생각할 것이다.

They will think the owners are __________.

04 그는 지저분한 지하철은 범죄를 부추긴다고 여겼다.

He felt a __________ subway attracted crime.

05 몇 년 이내에 지하철 범죄는 급격하게 감소했다.

Within a few years, subway crimes dropped __________.

B 우리말 문장을 보고 주어진 영어 단어를 이용하여 문장을 완성하시오.

01 도둑들이 당신의 집에 들어오는 것을 원하지 않는다면, 무엇을 해야 할까? (thief, enter)

If you don't __________ __________ __________ __________ your house, what do you need to do?

02 당신은 당신의 집을 깨끗하고 단정하게 유지해야 한다. (keep, clean)

You should __________ __________ __________ __________ and tidy.

03 깨끗한 집일수록 도둑질하기가 더 어렵다. (difficult, steal)

Clean houses __________ __________ __________ __________ __________ from.

04 도둑들은 그런 집들을 침입하는 것을 피한다. (avoid, break)

Thieves __________ __________ __________ those houses.

05 Giuliani는 경찰들에게 모든 지하철과 역을 청소하라고 지시했다. (order, the police)

Giuliani __________ __________ __________ __________ __________ all the subway cars and stations.

Section 7 01

본책 p. 68　　이름 ____________

A 영어 단어에는 우리말 뜻을, 우리말 뜻에는 영어 단어를 쓰시오.

01 motor ____________
02 kind of ____________
03 roll around ____________
04 heavy sleeper ____________
05 direction ____________
06 have problem v-ing ____________
07 ____________ ~을 끄다
08 ____________ (알람 등이) 울리다
09 ____________ 설계하다
10 ____________ 대학원생
11 ____________ ~하는 데 어려움을 겪다

B 굵게 표시된 부분에 유의하여 우리말 문장을 완성하시오.

01 Do you **have trouble getting up** in the morning?

당신은 아침에 ____________?

02 She designed an alarm clock **that would wake up any heavy sleeper**.

그녀는 ____________ 알람 시계를 설계했다.

03 **If you want to turn it off**, you have to catch it.

____________ 그것을 잡아야만 한다.

04 The clock's programming **makes the motors move the clock**.

그 시계의 프로그래밍은 ____________.

05 The clock **can be in a different place** every morning.

매일 아침 시계가 ____________.

06 If you use Clocky, it will be easy **for you to wake up too**!

만약 당신이 Clocky를 사용한다면, ____________ 쉬워질 것이다!

Section 7 02

본책 p. 69　　이름

A 영어 단어에는 우리말 뜻을, 우리말 뜻에는 영어 단어를 쓰시오.

01 back up ______________
02 method ______________
03 regularly ______________
04 unlock ______________
05 infected ______________
06 troublesome ______________
07 certain ______________
08 kidnapping ______________
09 ______________ 파괴하다
10 ______________ 발견하다
11 ______________ 해결책
12 ______________ 설치하다
13 ______________ 피해자
14 ______________ 막다, 방지하다
15 ______________ 몰래, 비밀스럽게
16 ______________ (이메일의) 첨부 파일

B 굵게 표시된 부분에 유의하여 우리말 문장을 완성하시오.

01 Are you receiving emails **that ask you to pay money**?

당신은 ______________________________ 메일을 받고 있는가?

02 Ransomware is troublesome software **secretly installed on a computer**.

랜섬웨어는 ______________________________ 골치 아픈 소프트웨어이다.

03 They receive **an email asking them to pay money** by a certain date.

그들은 특정한 날짜까지 ______________________________ 받는다.

04 The decryption key **will be destroyed**.

암호 해독 키가 ______________________________.

05 There is no **method of preventing it**.

______________________________ 없다.

06 The best solution is **to back up your data regularly**.

가장 좋은 해결책은 ______________________________이다.

Section 7 03

본책 p. 70　　　이름

A

주어진 우리말과 같은 뜻이 되도록 빈칸에 알맞은 말을 | 보기 |에서 골라 쓰시오. (필요시 형태 바꾸기)

| 보기 | flood　thirst　desert　rarely　drown

01 사하라 사막은 위험한 사막이다.

The Sahara is a dangerous __________.

02 사하라 사막에서 갈증으로 죽는 것보다 더 많은 사람들이 물에 빠져 죽는다.

More people drown in the Sahara than die of __________.

03 1995년 어느 날 밤에 수백 명의 사람이 익사했다.

Hundreds of people __________ in one night in 1995.

04 사하라 사막에는 비가 거의 오지 않는다.

It __________ rains in the Sahara.

05 이것들은 돌발 홍수로 알려져 있다.

These are known as flash __________.

B

우리말 문장을 보고 주어진 영어 단어를 이용하여 문장을 완성하시오.

01 사막의 모래는 (일반) 토양만큼 빠르게 물을 흡수할 수 없다. (quickly)

The desert sand can't soak up the water __________ __________ __________ soil can.

02 이것은 홍수가 갑자기 발생하게 한다. (cause, floods, happen)

This __________ __________ __________ __________ suddenly.

03 그들은 거기서 무슨 일이 일어나고 있는지 모른다. (happen)

They have no idea __________ __________ __________ __________.

04 물이 골짜기를 따라 흐르기 시작할 때, 사람들은 거의 준비가 되어 있지 않다. (seldom, prepare)

When the water begins flowing through valleys, __________ __________ __________ __________.

05 네가 사하라 사막을 여행할 계획이라면 주의해라! (plan)

Be careful if __________ __________ __________ __________ across the Sahara!

Section 7 04

본책 p. 72 이름

A 주어진 우리말과 같은 뜻이 되도록 빈칸에 알맞은 말을 | 보기 |에서 골라 쓰시오. (필요시 형태 바꾸기)

	보기		market	strategy	wasteful	behavior	function

01 그들은 더 비싼 제품은 낭비라고 여긴다.

They view more expensive products as __________.

02 기업들은 이러한 행동을 알고 있다.

Companies are aware of this __________.

03 그들은 자신의 제품을 시장에 내놓을 때 이것을 이용한다.

They often use it when they __________ their products.

04 그 전략은 골디락스 가격이라 불린다.

The __________ is called Goldilocks pricing.

05 그들은 단지 동일한 기능을 가진 제품을 소개한다.

They simply introduce the product with the same __________.

B 우리말 문장을 보고 주어진 영어 단어를 이용하여 문장을 완성하시오.

01 세 번째 것은 그 중간으로, 너무 딱딱하지도 너무 부드럽지도 않다. (neither, too)

The third one is in the middle—__________ __________ __________ __________ __________ __________.

02 그녀가 잠을 자기로 결정한 것이 바로 그것이다. (decide, sleep in)

That's the one she __________ __________ __________ __________.

03 그들은 더 저렴한 제품들은 품질이 나쁜 것으로 본다. (see, product)

They __________ __________ __________ __________ low-quality.

04 그들은 대개 결국 중간에 있는 것을 사게 된다. (usually, end up)

They __________ __________ __________ __________ the one in the middle.

05 이것은 더 많은 쇼핑객들이 원래 제품을 사도록 부추긴다. (encourage, shopper)

This __________ __________ __________ __________ __________ the original product.

Section 8 01

본책 p. 78　　이름 ____________________

A 영어 단어에는 우리말 뜻을, 우리말 뜻에는 영어 단어를 쓰시오.

01 trick	____________	07 ____________	떠다니다, 떠돌다
02 tube	____________	08 ____________	균형 잡힌
03 enough	____________	09 ____________	우주 비행사
04 excellent	____________	10 ____________	위, 배
05 though	____________	11 ____________	쉽게
06 nutritionally	____________	12 ____________	짜내다

B 굵게 표시된 부분에 유의하여 우리말 문장을 완성하시오.

01 Astronauts **had to squeeze their food** out of tubes.

우주 비행사들은 튜브에서 ________________________________.

02 The food that astronauts eat today **is much better than before**.

오늘날 우주 비행사들이 먹는 음식은 ________________________________.

03 The meals **are prepared by excellent cooks** on Earth.

그 음식들은 지구에서 ________________________________.

04 In zero gravity, astronauts **feel full easily**.

무중력 상태에서 우주 비행사들은 ________________________________.

05 This tricks their brain and **makes them think** they ate enough.

이것은 그들의 뇌를 속이고 ____________ 충분히 먹었다고 ________________.

06 Astronauts **try to eat** nutritionally balanced meals.

우주 비행사들은 영양상으로 균형 잡힌 식사를 ________________________________.

Section 8 02

본책 p. 79　　이름 ______

A 영어 단어에는 우리말 뜻을, 우리말 뜻에는 영어 단어를 쓰시오.

01 tease	______	07	______	존중, 존경
02 shocking	______	08	______	밀다, 면도하다
03 fall out	______	09	______	대하다, 대우하다
04 bully	______	10	______	지지하다, 응원하다
05 suffer from	______	11	______	암
06 cheer up	______	12	______	교장

B 굵게 표시된 부분에 유의하여 우리말 문장을 완성하시오.

01 His grandfather **had been suffering from cancer.**

그의 할아버지는 ______________________.

02 Jackson shaved his own head **to cheer him up**.

Jackson은 ______________________ 자신의 머리를 밀었다.

03 Jackson's mom told Principal Hadley **what had happened**.

Jackson의 엄마는 Hadley 교장에게 ______________________ 이야기했다.

04 Jackson **was teased for supporting** his grandfather.

Jackson은 할아버지를 ______________________.

05 He **asked Jackson to shave** his head!

그는 ____________ 자신의 머리를 ______________________!

06 He was hoping to show them **the importance of treating others with kindness**.

그는 그들에게 ______________________ 보여 주길 바라고 있었다.

Section 8 03

본책 p. 80 이름

A 주어진 우리말과 같은 뜻이 되도록 빈칸에 알맞은 말을 | 보기 |에서 골라 쓰시오. (필요시 형태 바꾸기)

| 보기 | reach crash despite waterfall surround

01 세계에서 가장 높은 폭포가 무엇인지 아는가?
Do you know what the highest __________ in the world is?

02 4년 후, 그는 그 폭포로 다시 돌아왔지만 그의 비행기가 추락했다.
Four years later, he flew back to the falls, but his plane __________.

03 Angel 폭포는 높은 산과 울창한 밀림으로 둘러싸여 있다.
Angel Falls is __________ by tall mountains and thick jungle.

04 그곳에 이르는 단 두 가지의 방법이 있다.
There are only two ways to __________ it.

05 그럼에도 불구하고, 전 세계의 많은 관광객들이 이 폭포를 방문한다.
__________ this, many tourists from all around the world visit the waterfall.

B 우리말 문장을 보고 주어진 영어 단어를 이용하여 문장을 완성하시오.

01 그것은 Angel 폭포로, Churun 강에 위치해 있다. (locate)
It's Angel Falls, __________ __________ __________ on the Churun River.

02 그것은 비행사인 Jimmie Angel의 이름을 따서 이름 붙여졌다. (name)
It __________ __________ __________ pilot Jimmie Angel.

03 그는 금을 찾던 도중 비행기에서 그 폭포를 처음으로 보았다. (search for)
He first saw the falls from his plane __________ __________ __________ gold.

04 Angel은 11일 동안 살아남기 위해 고군분투했다. (struggle, survive)
Angel __________ __________ __________ for eleven days.

05 가까운 정글에 가는 데 세 시간 반이 걸린다. (half, hour)
It __________ __________ __________ __________ __________ __________ to get to the nearby jungle.

Section 8 04

본책 p. 82　　　　이름

A

주어진 우리말과 같은 뜻이 되도록 빈칸에 알맞은 말을 | 보기 |에서 골라 쓰시오. (필요시 형태 바꾸기)

	보기		study	quite	outgoing	category	personality

01 그녀가 영어를 말할 때면, 그녀는 외향적이고 자신감이 넘친다.

When she speaks English, she feels __________ and confident.

02 실제로 이런 상황은 상당히 흔하다.

Actually, this situation is __________ common.

03 사람들의 성격들은 그들이 다른 언어를 구사할 때 변할 수 있다.

People's __________ can change when they speak different languages.

04 한 연구에서 멕시코계 미국인들이 성격 검사를 받았다.

In a(n) __________, Mexican Americans took a personality test.

05 영어로 된 검사에서 그들은 세 가지 범주들에서 더 높은 점수를 받았다.

On the English test, they scored higher in three __________.

B

우리말 문장을 보고 주어진 영어 단어를 이용하여 문장을 완성하시오.

01 그녀는 흥미로운 것을 알아챘다. (notice, something)

She has __________ __________ __________.

02 그녀는 말수가 적어지고 수줍음을 느낀다. (quiet, shy)

She __________ __________ __________ __________.

03 이 특성들은 미국 문화와 연관되는 경향이 있다. (tend, connect)

These traits __________ __________ __________ __________ with American culture.

04 당신은 한 문화의 가치관을 언어로부터 분리할 수 없다. (separate, values)

You can't __________ __________ __________ __________ __________ its language.

05 당신이 그 언어를 구사할 때, 당신은 가치관에 의해 영향을 받는다. (affect)

When you speak the language, you __________ __________ __________ the values.

Section 9 01

본책 p. 88 이름 ______

A 영어 단어에는 우리말 뜻을, 우리말 뜻에는 영어 단어를 쓰시오.

01 yacht ______

02 kayaking ______

03 eventually ______

04 scuba diver ______

05 skier ______

06 take a trip ______

07 ______ 등뼈, 척추

08 ______ 수술

09 ______ (배를) 조종하다

10 ______ 시도하다

11 ______ 사고

B 굵게 표시된 부분에 유의하여 우리말 문장을 완성하시오.

01 Peter Hershorn had a terrible accident **while attempting a big jump**.

Peter Hershorn은 ______ 끔찍한 사고를 당했다.

02 **Although Peter had two operations**, he still couldn't walk.

______, 여전히 걸을 수 없었다.

03 He loved sports, so he **tried to find one that he could do**.

그는 운동을 매우 좋아해서 ______.

04 Eventually, he **learned to sail** yachts.

결국 그는 요트를 ______.

05 People ask him **how he can do all of this**.

사람들이 그에게 ______ 묻는다.

06 If I thought **only about what I can't do**, I'd still be in the hospital.

만일 ______ 생각한다면, 나는 아직도 병원에 있을 겁니다.

Section 9 02

본책 p. 89 이름

A 영어 단어에는 우리말 뜻을, 우리말 뜻에는 영어 단어를 쓰시오.

01 fit ______________

02 logo ______________

03 greenish ______________

04 natural ______________

05 landscape ______________

06 arch ______________

07 be famous for ______________

08 ______________ 표지판, 간판

09 ______________ 사막

10 ______________ 알아보다, 인지하다

11 ______________ ~ 모양으로 만들다

12 ______________ 황금빛의

13 ______________ 수만 개[명]의

B 굵게 표시된 부분에 유의하여 우리말 문장을 완성하시오.

01 Sedona **is located in the desert**.

Sedona는 ______________________________.

02 McDonald's **decided to open** a restaurant there in the early 1990s.

맥도날드는 1990년대 초에 그곳에 매장을 ______________________________.

03 City leaders worried **that a big golden "M" would ruin the view**.

도시의 지도자들은 ______________________________ 걱정했다.

04 McDonald's agreed to use **a color that better fits the natural landscape**.

맥도날드는 ______________________________ 사용하는 것에 동의했다.

05 They chose a greenish-blue color **known as turquoise**.

그들은 ______________________________ 녹청색을 선정했다.

06 Tourists often visit the Sedona McDonald's **just to see its unique sign**.

여행객들은 ______________________________ Sedona의 맥도날드를 자주 방문한다.

Section 9 03

본책 p. 90　　　이름 ____________

A

주어진 우리말과 같은 뜻이 되도록 빈칸에 알맞은 말을 | 보기 |에서 골라 쓰시오. (필요시 형태 바꾸기)

	보기		donate	luckily	experience	touching	unfortunately

01 다행히 우리에게는 그것들이 있습니다!

__________, we have those!

02 불행하게도, 우리에게는 그것이 없습니다!

__________, we don't have that!

03 그녀는 많은 흥미로운 사람들을 만나고 신나는 경험들을 합니다.

She meets many interesting people and has some exciting __________.

04 그것은 감동적인 이야기지만, 재미도 있습니다.

It is a(n) __________ story, but it is also funny.

05 만약 당신이 더 많이 기부하면, 본 영화의 무료 복사본을 받을 것입니다.

If you __________ more, you will get a free copy of the film.

B

우리말 문장을 보고 주어진 영어 단어를 이용하여 문장을 완성하시오.

01 훌륭한 영화를 만들기 위해서는 재능 있는 배우들이 필요합니다. (make, great)

__________ __________ __________ __________ __________, talented actors are needed.

02 크라우드 펀딩은 자금을 모으는 한 가지 방법입니다. (one way, raise)

Crowdfunding is __________ __________ __________ __________ __________.

03 우리는 크라우드 펀딩으로 모은 돈을 카메라들과 조명들을 대여하는 데 사용할 것입니다. (rent, light)

We will use the crowdfunding money __________ __________ __________ __________ __________.

04 우리는 제작진의 음식을 구매해야 할 것입니다. (will, need)

We __________ __________ __________ __________ food for our staff.

05 돈을 기부하는 모든 사람들은 보상을 받을 것입니다 (who, donate)

Everyone __________ __________ __________ will get a reward.

본책 p. 92 이름

A 주어진 우리말과 같은 뜻이 되도록 빈칸에 알맞은 말을 | 보기 |에서 골라 쓰시오. (필요시 형태 바꾸기)

	보기		yell	blame	explain	anger	emotional

01 당신은 화를 어떻게 표현하는가?
How do you express your __________?

02 소리를 지르거나 무언가를 때리는가?
Do you __________ or hit things?

03 많은 사람들이 화가 없는 상태가 자신의 정서 건강에 좋다고 여전히 믿는다.
Many people still believe being anger-free is good for one's __________ health.

04 당신이 화가 났다는 것을 말하고 그 이유를 설명해라.
Say that you are upset and __________ the reason why.

05 '너' 대신에 '나'라고 말하는 것은 당신이 다른 사람을 비난하지 않고 있음을 보여 준다.
Saying "I" instead of "you" shows that you are not __________ the other person.

B 우리말 문장을 보고 주어진 영어 단어를 이용하여 문장을 완성하시오.

01 효과적인 방법으로 화를 표출하는 것이 당신의 정서 건강에 더 낫다. (express)
It is better for your emotional health __________ __________ __________ in an effective way.

02 당신은 다른 사람이 무엇을 하기를 원하는지 말해야 한다. (what, do)
You should say __________ __________ __________ the other person __________ __________.

03 당신은 다른 사람을 공격하지 않고 당신의 기분을 설명할 수 있다. (attack)
You can explain your feelings __________ __________ the other person.

04 당신은 '절대'나 '언제나'와 같은 말들을 쓰는 것을 피해야 한다. (avoid, use)
You should __________ __________ __________ __________ *never* or *always*.

05 그것은 당신의 정서 건강뿐만 아니라 다른 사람들과 의사소통하는 능력도 향상시킬 수 있을 것이다. (not, but)
It will improve __________ __________ your emotional health __________ __________ your ability to communicate with others.

Section 10 01

본책 p. 98 이름

A 영어 단어에는 우리말 뜻을, 우리말 뜻에는 영어 단어를 쓰시오.

01 life ____________
02 save ____________
03 pigeon ____________
04 trap ____________
05 carry ____________
06 wounded ____________
07 touching ____________
08 ____________ 전투
09 ____________ 배달하다
10 ____________ (총 등을) 쏘다
11 ____________ 심각하게
12 ____________ 군인, 병사
13 ____________ 눈이 멀게 만들다
14 ____________ 적, 적군

B 굵게 표시된 부분에 유의하여 우리말 문장을 완성하시오.

01 Here is a touching story about a pigeon **that saved people's lives.**

여기 ____________ 한 비둘기에 관한 감동적인 이야기가 있다.

02 At that time, pigeons **were used to carry** messages.

그 당시에, 비둘기는 메시지를 ____________.

03 During a big battle, **some American soldiers were trapped**.

큰 전투를 치르는 동안, ____________.

04 They tried to send pigeons **with a message asking for help**.

그들은 ____________ 비둘기를 보내려고 노력했다.

05 They sent their last pigeon, Cher Ami, **which means "dear friend" in French**.

그들은 자신들의 마지막 비둘기인 Cher Ami를 보냈는데, ____________.

06 Cher Ami was shot, but he **kept flying and delivered his message**.

Cher Ami는 총에 맞았지만, ____________.

Section 10 02

본책 p. 99 이름

A

영어 단어에는 우리말 뜻을, 우리말 뜻에는 영어 단어를 쓰시오.

01	including	______	08 ______	갑작스러운
02	be faced with	______	09 ______	독
03	blow up	______	10 ______	탈출하다
04	blowfish	______	11 ______	인상적인
05	unpleasant	______	12 ______	방어(법)
06	characteristic	______	13 ______	치명적인
07	fill A up with B	______	14 ______	복부, 배

B

굵게 표시된 부분에 유의하여 우리말 문장을 완성하시오.

01 Blowfish **are known by many names**.

복어는 ______________________________.

02 When they are faced with danger, they **can blow themselves up**.

그들이 위험에 직면했을 때 그들은 ______________________________.

03 They do this **by filling their stomach up with water**.

그들은 ______________________________ 이렇게 한다.

04 **If they're brought onto land**, they can do the same thing with air.

______________________________ 공기를 가지고 똑같이 할 수 있다.

05 Most of their enemies **are so surprised that the blowfish are able to escape**.

그들의 적 대부분이 ______________________________.

06 The bodies of blowfish contain a more powerful defense **than the ability to suddenly get bigger**.

복어의 몸에는 ______________________________ 더 강력한 방어법이 있다.

Section 10 03

본책 p. 100 이름

A

주어진 우리말과 같은 뜻이 되도록 빈칸에 알맞은 말을 | 보기 |에서 골라 쓰시오. (필요시 형태 바꾸기)

| 보기 | contain crowded control furniture completely

01 작고 둥근 로봇이 혼잡한 사무실을 돌아다닌다.

A small, round robot moves through a __________ office.

02 그것은 사람과 가구에 부딪힌다.

It bumps into people and __________.

03 더욱 놀라운 점은, 그 사람은 완전히 마비되어 있다는 것이다.

Even more surprising, the man is __________ paralyzed.

04 그는 자신의 뇌파로 로봇을 조종하고 있다!

He is __________ the robot with his brain waves!

05 그것에는 실제로 사람의 생각을 읽을 수 있는 특수한 소프트웨어가 들어 있다.

It __________ special software that can actually read a person's thoughts.

B

우리말 문장을 보고 주어진 영어 단어를 이용하여 문장을 완성하시오.

01 그것은 아주 특별한 것처럼 들리지는 않는다, 그렇지 않은가? (sound, very)

It doesn't __________ __________ __________, __________ __________?

02 이 로봇은 사람에 의해 조종되고 있다. (control)

This robot __________ __________ __________ __________ a man.

03 사람들은 명령들을 생각하기만 하면 된다. (have)

People simply __________ __________ __________ commands.

04 그것은 간단한 일을 하기 위해 사용될 수 있다. (use, do)

It __________ __________ __________ __________ __________ simple tasks.

05 이 기술이 사람들을 위해 생활을 더욱 수월하게 만들어 줄 것이다. (life, easy)

This technology __________ __________ __________ __________ for people.

Section ⑩ 04

본책 p. 102　　　　이름

A 주어진 우리말과 같은 뜻이 되도록 빈칸에 알맞은 말을 | 보기 |에서 골라 쓰시오. (필요시 형태 바꾸기)

	보기		wrap	press	curved	squeeze	disagree

01 당신이 동의하지 않는다면, 집게손가락과 엄지손가락 사이에 두고 달걀을 잡아 보아라.

If you __________, hold an egg between your forefinger and thumb.

02 당신이 한쪽만 누르면 그것은 아마도 깨질 것이다.

If you only __________ against one side, it will probably break.

03 당신이 달걀 전체를 쥔다면 그것은 깨지지 않을 것이다.

If you __________ the entire egg, it will not break.

04 달걀을 당신의 손 가운데에 놓고 그 주위를 손가락으로 감싸라.

Place the egg in the center of your hand and __________ your fingers around it.

05 비밀은 그것들의 곡선 모양이다.

The secret is their __________ shape.

B 우리말 문장을 보고 주어진 영어 단어를 이용하여 문장을 완성하시오.

01 아무리 당신이 세게 쥐어도, 달걀은 깨지지 않을 것이다! (how, hard)

__________ __________ __________ __________ you squeeze, the egg won't break!

02 당신이 난장판을 치우고 싶지 않다면 이것을 시도하지 마라! (unless)

__________ __________ __________ __________ clean up a mess, don't try this!

03 무엇이 달걀들을 그렇게 강하게 만드는 것일까? (make, strong)

What __________ __________ __________ __________?

04 압력이 달걀의 전체 표면으로 분산된다. (spread)

Pressure __________ __________ __________ across their entire surface.

05 달걀은 더 (쉽게) 깨질 것이다. (likely, break)

The egg __________ __________ __________ __________ __________.

기초부터 내신까지 중학 독해 완성

1316 READING

WORKBOOK 정답

LEVEL 3

Section 1 01 p. 2

A

01 (뾰족한) 끝 02 구입하다 03 밀봉된
04 새어 나오다 05 볼펜 06 용기, 그릇
07 우주 (비행) 임무 08 thick 09 solve
10 gravity 11 float 12 spacecraft
13 astronaut 14 either

B

01 잉크가 종이 위로 흐르게 하려면[하기 위해서는]
02 (제대로) 기능하는 데 중력이 필요 없는
03 그 잉크를 더 걸쭉하게 만들었다
04 그 펜이, 사용될 수 있게 했다
05 그것에 Space Pen이라는 이름을 붙였다
06 사용되어 왔다
07 누구에게나 구입될 수 있다

Section 1 02 p. 3

A

01 소위, 이른바 02 박테리아, 세균 03 두다, 놓다
04 노출시키다 05 알아내다
06 뜻하지 않게, 우연히 07 근거 없는 믿음
08 second 09 rule 10 factor
11 blow 12 length
13 food poisoning

B

01 음식을 먹어 본 적이 있는가
02 그것을 단지 입으로 불어서
03 먹어도 안전하다
04 알아내기 위해
05 음식이 박테리아에 노출될 때
06 먹기에 안전하지 않게 될 수 있다

Section 1 03 p. 4

A

01 notice 02 controls 03 emotion
04 right-handed 05 subject

B

01 The next time
02 how the brain influences
03 are controlled by
04 People look better
05 Make sure to

Section 1 04 p. 5

A

01 give up 02 success 03 lose
04 clearly 05 invested

B

01 to keep trying
02 is known as
03 an airplane built in
04 decided to stop funding it
05 had known when to quit

Section 2 01 p. 6

A

01 특이한, 흔치 않은 02 돌, 암석 03 명소, 랜드마크
04 상상하다 05 이상한 06 닮다
07 특별히 포함하다, 특징으로 삼다 08 모양, 외형
09 represent 10 Prague 11 architect
12 side 13 coin 14 complete
15 Czech 16 name A after B

01 'the Dancing House'라고 불리는
02 의해 설계되었다
03 함께 춤추는 여성과 남성을
04 을 따서 Ginger and Fred라고 이름 붙었다
05 프라하의 명소가 되었다
06 체코 동전에 특별히 포함되어 있다

Section 2 02 p. 7

01 수컷
02 파충류
03 받다
04 특징
05 물갈퀴가 있는
06 수달
07 독특한, 고유한
08 동물학자
09 (동물의) 독
10 feed
11 lay
12 clue
13 realize
14 fur
15 mammal
16 classify
17 bill
18 evolve

B

01 에서 일하는 동물학자였다
02 깨닫기 시작했다
03 새나 파충류처럼 알을 낳는다
04 알을 낳는 특별한 종류의 포유류로
05 계속 연구하고 있다
06 어떻게 포유류가 파충류로부터 진화했는지에 대한

Section 2 03 p. 8

A

01 probably
02 organizations
03 Public
04 nearly
05 inaccurate

01 Neither map is
02 was very powerful at that time
03 was made in
04 is no longer
05 offers their students a new view

Section 2 04 p. 9

01 unite
02 impressed
03 disappeared
04 rivals
05 overcame

01 were fighting to become
02 thirty[30] centimeters taller than
03 made him his personal bodyguard
04 what happened to him
05 be judged based on

Section 3 01 p. 10

01 안전벨트
02 흥분되는, 아주 신나는
03 내부의, 안쪽의
04 무서운
05 끌어당기다
06 고정시키다
07 보통은
08 놀이공원
09 equally
10 gravity
11 agree
12 individually
13 sink
14 blow
15 ride
16 upside down

B

01 대답할 것이다
02 각 부위에 다르게 작용한다
03 비록 당신이 안전벨트로 고정되어 있지만
04 당신에게 주는 것
05 그들의 머리카락이 바람에 휘날리는 채로
06 눈을 계속 뜨고 있을 만큼 충분히 용감하다면

Section 3 02 p. 11

A

01 깃털 없는
02 ~을 따라
03 부분
04 ~마다, ~당
05 흐르다
06 태평양의
07 ~을 따서 이름을 짓다
08 release
09 bill
10 humid
11 escape
12 up to
13 current
14 handle

01 의 이름을 따왔다
02 남아메리카의 태평양 해안을 따라 흐르는
03 먹이를 사냥하기 위해
04 시간당 30마일까지
05 더위에 대처하는 또 다른 방법이 있다
06 펭귄이 몸의 열을 내보내도록

Section 3 03 p. 12

A

01 lawyer
02 publishers
03 published
04 attention
05 overnight

B

01 stayed up late writing
02 promoting the book
03 one of the world's most popular apps
04 how he performed his roles
05 was finally rewarded

Section 3 04 p. 13

A

01 refuse
02 accept
03 phrase
04 holders
05 wasted

B

01 offer to have
02 often buy tickets to watch
03 can be canceled or delayed
04 is used like a ticket
05 promising to accept

Section 4 01 p. 14

A

01 죽이다
02 요청
03 진짜의
04 불법으로
05 가까운 곳에
06 로봇식의
07 동의하다
08 ~ 덕분에
09 원격 조종, 리모컨
10 success
11 illegal
12 hunter
13 arrest
14 hide
15 display
16 so far
17 shoot

B

01 잡기 위해, 이용하고 싶었다
02 Wolslegel에게, 만들어 달라고 부탁했다
03 원격으로 조종될 수 있다
04 밀렵꾼들이, 생각하게 만든다
05 근처에 숨어있는 경찰들이
06 검거되어 왔다

Section 4 02 p. 15

A

01 알코올, 술
02 액체
03 영혼
04 알코올성의
05 되찾다, 회복하다
06 사악한
07 지하실
08 ~을 폐쇄하다
09 ~으로 분해되다
10 conclude
11 process
12 poison
13 servant
14 stand
15 store
16 harvest
17 spread

B

01 하인들에게 포도를 수확하도록 했다
02 과일이 알코올로 변하는
03 왕을 독살하려 애쓰고 있었다고
04 '독'을 먹기로[먹을 것을] 결심했다
05 그 포도를 먹은 후에
06 그녀가 먹은 것이 좋은 것이라는

Section 4 03 p. 16

A

01 along
02 soldiers
03 strengthened
04 barrier
05 invaded

B

01 to protect France from
02 It was named after
03 was expensive to build
04 was made of concrete
05 is used to describe

Section 4 04 p. 17

A

01 forward
02 similar
03 constantly
04 compete
05 adapts

B

01 twice as fast as
02 didn't need to develop
03 were easy to hunt
04 in order to survive
05 learned to run

Section 5 01 p. 18

A

01 대단한 것　02 되찾다, 회복하다　03 팩, 통, 곽
04 ~으로 죽다　05 ~을 나누어 주다　06 심각한
07 약, 약물　08 emergency　09 balanced
10 crisis　11 diet　12 mixture
13 hunger　14 organization

B

01 몇 초마다 굶주림으로 죽는다
02 대단한 것처럼 들리지 않을지도 모른다
03 배고픈 아이들이 체중을 빠르게 늘리도록 도울
04 몸과 마음이 계속해서 제대로 기능하는 데[기능하기 위해]
05 아프고 배고픈 아이들에게
06 구매하여 나누어 주고 있다

Section 5 02 p. 19

A

01 시력　02 가능한　03 주입하다
04 시력 검사표　05 착용하다　06 재활용하다
07 equipment　08 distribute　09 invention
10 liquid　11 a pair of

B

01 완전한 안경을 갖는 것이　02 액체로 채워진 안경이다
03 주입하기 시작한다　04 착용할 준비가 되었다
05 Global Vision 2020이라고 불리는 단체가
06 가난한 아이들이, 더 나은 삶을 살도록 돕기를

Section 5 03 p. 20

A

01 share　02 competed　03 spread
04 Afterward　05 labels

B

01 looks just like
02 make readers confused
03 had an effect on
04 have taken steps to fight
05 must be careful

Section 5 04 p. 21

A

01 ambassador　02 aggressive　03 warmth
04 owned　05 light-hearted

B

01 Have you ever heard
02 was known for
03 which brooch to wear
04 shaped like a balloon
05 made good use of

Section 6 01 p. 22

A

01 거대한, 엄청난　02 작곡가
03 쇼에 나오다　04 (간단히) 말하다, 언급하다
05 A를 B에 초대하다　06 appear
07 grow up　08 recommend
09 inspiring

B

01 시청해 오고 있어요
02 다른 음악 프로그램과 다르다는 점
03 아무도, 언급하지 않아요　04 작곡가가 되고 싶어요
05 그것이 무리한[과한] 부탁이라는 것을
06 초대해 주실 수 있나요

Section 6 02 p. 23

A

01 걸작, 명작 02 나머지의, 남은 03 보통의, 평범한
04 놀라운, 색다른 05 ~을 흡수하다 06 ~뿐만 아니라
07 오케스트라, 관현악단 08 ~에 집중하다
09 instrument 10 sensory 11 pumpkin
12 recorder 13 full 14 performance
15 participate 16 audience

B

01 그들의 음식을 가지고 장난하지 말라고
02 만드는[창작하는] 데 도움이 되어 왔다
03 호박으로(부터) 베이스 드럼을 만든다
04 참여할 기회를 얻는다
05 수프를 만들기 위해
06 보다 더 재미있지 않은가

Section 6 03 p. 24

A

01 International 02 fart 03 collected
04 emissions 05 controversy

B

01 many different kinds of
02 is added to unhealthy foods
03 to encourage people to eat
04 contributes to global warming
05 is designed to protect

Section 6 04 p. 25

A

01 target 02 Tidy 03 careless
04 messy 05 sharply

B

01 want thieves to enter
02 keep your house clean
03 are more difficult to steal
04 avoid breaking into
05 ordered the police to clean

Section 7 01 p. 26

A

01 모터, 전동기 02 약간, 어느 정도
03 ~을 굴러다니다 04 잠을 깊게 자는 사람
05 방향, 쪽 06 ~하는 데 문제가 있다
07 turn off 08 go off
09 design 10 graduate student
11 have trouble v-ing

B

01 일어나는 데 어려움을 겪는가
02 잠을 깊게 자는 누구라도 깨울
03 만약 당신이 그것을 끄고 싶다면
04 모터가 시계를 움직이게 한다
05 다른 곳에 있을 수 있다
06 당신도 일어나기가

Section 7 02 p. 27

A

01 (파일 등을) 백업하다 02 방법
03 정기적으로 04 열다 05 감염된
06 골칫거리인 07 특정한, 일정한 08 납치
09 destroy 10 discover 11 solution
12 install 13 victim 14 prevent
15 secretly 16 attachment

B

01 당신에게 돈을 내라고 요구하는
02 컴퓨터에 몰래 설치된
03 그들에게 돈을 내라고 요구하는 이메일을
04 파괴될 것이다
05 그것을 방지할[예방할] 방법은
06 정기적으로 당신의 데이터를 백업하는 것

Section 7 03 p. 28

A

01 desert　02 thirst　03 drowned
04 rarely　05 floods

B

01 as quickly as
02 causes floods to happen
03 what is happening there
04 people are seldom prepared
05 you plan to travel

Section 7 04 p. 29

A

01 wasteful　02 behavior　03 market
04 strategy　05 function

B

01 neither too hard nor too soft
02 decides to sleep in
03 see cheaper products as
04 usually end up buying
05 encourages more shoppers to buy

Section 8 01 p.30

A

01 속이다　02 튜브, 통　03 충분히
04 훌륭한, 탁월한　05 하지만　06 영양상으로
07 float　08 balanced　09 astronaut
10 stomach　11 easily　12 squeeze

B

01 그들의 음식을 짜내야 했다
02 예전보다 훨씬 더 좋다
03 훌륭한 요리사들에 의해 준비된다
04 쉽게 배부르게 느낀다
05 그들이, 생각하게 한다
06 먹으려고 노력한다

Section 8 02 p. 31

A

01 놀리다　02 충격적인　03 떨어져 나가다
04 (약자를) 괴롭히다, 따돌리다　05 (병을) 앓다
06 ~을 응원하다, 기운을 북돋우다　07 respect
08 shave　09 treat　10 support
11 cancer　12 principal

B

01 암을 앓아 왔었다
02 그에게 기운을 북돋아 드리기 위해
03 무슨 일이 있었는지
04 응원한 것으로 놀림 받았다
05 Jackson에게, 밀어달라고 부탁했다
05 다른 사람들을 친절로 대하는 것의 중요성을

Section 8 03 p. 32

A

01 waterfall　02 crashed　03 surrounded
04 reach　05 Despite

B

01 which is located
02 was named after
03 while searching for
04 struggled to survive
05 takes three and a half hours

Section 8 04 p. 33

A

01 outgoing　02 quite　03 personalities
04 study　05 categories

B

01 noticed something interesting

02 feels quiet and shy
03 tend to be connected
04 separate a culture's values from
05 are affected by

Section 9 01

p. 34

A

01 요트　02 카약 타기　03 결국, 마침내
04 스쿠버 다이버　05 스키 타는 사람　06 여행하다
07 back　08 operation　09 sail
10 attempt　11 accident

B

01 큰 점프를 시도하던 중(에)
02 (비록) Peter는 두 차례의 수술을 받기는 했지만
03 그가 할 수 있는 것을 찾기 위해 노력했다
04 조종하는 것을 배웠다
05 어떻게 그가 이 모든 일을 할 수 있는지
06 내가 할 수 없는 것에 대해서만

Section 9 02

p. 35

A

01 어울리게 하다, 적합하다　02 상징, 로고
03 초록빛을 띤　04 자연의　05 풍경, 경치
06 아치, 아치형 장식　07 ~으로 유명하다　08 sign
09 desert　10 recognize　11 shape
12 golden　13 tens of thousands of

B

01 사막에 위치해 있다
02 열기로 결정했다
03 커다란 황금색 'M'이 경관을 망칠까 봐
04 자연경관과 더 잘 어울리는 색을
05 청록색으로 알려진
06 오로지 그곳의 독특한 간판을 보기 위해서

Section 9 03

p. 36

A

01 Luckily　02 Unfortunately　03 experiences
04 touching　05 donate

B

01 To make a great movie
02 one way of raising money
03 to rent cameras and lights
04 will need to buy
05 who donates money

Section 9 04

p. 37

A

01 anger　02 yell　03 emotional
04 explain　05 blaming

B

01 to express anger
02 what you want, to do
03 without attacking
04 avoid using the words
05 not only, but also

Section 10 01

p. 38

A

01 목숨, 생명　02 구하다　03 비둘기
04 가두다　05 나르다, 운반하다
06 다친, 부상을 입은　07 감동적인　08 battle
09 deliver　10 shoot　11 seriously
12 soldier　13 blind　14 enemy

B

01 사람들의 목숨을 구한
02 전달하기 위해 이용되었다
03 몇 명의 미군들이 갇혀 있었다
04 도움을 요청하는 메시지와 함께

05 그것은 프랑스어로 '소중한 친구'를 의미한다
06 계속 날았고 그의 메시지를 전달했다

Section 10 02

p. 39

A

01 ~을 포함하여	02 ~에 직면하다	03 ~을 부풀리다
04 복어	05 불쾌한	06 특징
07 A를 B로 가득 채우다		08 sudden
09 poison	10 escape	11 impressive
12 defense	13 deadly	14 stomach

B

01 여러 이름으로 알려져 있다
02 자신을 부풀릴 수 있다
03 그들의 배를 물로 가득 채움으로써
04 만약 그것들이 땅 위로 올려지면
05 너무 놀라서 복어는 도망칠 수 있게 된다
06 갑자기 더 커지는 능력보다

Section 10 03

p. 40

A

01 crowded	02 furniture	03 completely
04 controlling	05 contains	

B

01 sound very special, does it
02 is being controlled by
03 have to think
04 can be used to do
05 will make life easier

Section 10 04

p. 41

A

01 disagree	02 press	03 squeeze
04 wrap	05 curved	

B

01 No matter how hard
02 Unless you want to
03 makes eggs so strong
04 is spread out
05 is more likely to break

MEMO

MEMO

MEMO

MEMO

MEMO